Drunvalo Melchizedek

EIN NEUER
ZYKLUS
BEGINNT

Drunvalo Melchizedek

EIN NEUER ZYKLUS BEGINNT

Lebe in deinem Herzen
und du bist vorbereitet

Hinweis

Die im Buch veröffentlichten Empfehlungen wurden von Verfasser und Verlag sorgfältig erarbeitet und geprüft. Eine Garantie kann dennoch nicht übernommen werden. Ebenso ist die Haftung des Verfassers bzw. des Verlages und seiner Beauftragten für Personen-, Sach- und Vermögensschäden ausgeschlossen.

Titel der Originalausgabe:
The Mayan Ouroboros.
The Cosmic Cycles Come Full Circle.
The True Positive Mayan Prophecy is Revealed.
© 2012 by Drunvalo Melchizedek
Red Wheel/Weiser Books,
San Francisco, CA/Newburyport, MA, 2012
www.redwheelweiser.com

Deutsche Ausgabe:
© 2013 KOHA-Verlag GmbH Burgrain
Alle Rechte vorbehalten

Aus dem Englischen von Maria Müller-de Haën

Bildnachweis:
S. 2/3, 8/9 u.a., 16 u.a., 23, 201, 202: Shutterstock
S. 78, 79, 95, 98, 160; S. 167 mit freundlicher Genehmigung
von Patricia Mataru: Robert Dakota
Alle weiteren Fotos und Grafiken: Drunvalo Melchizedek

Redaktion: Andreas Beutel
Cover: Sabine Dunst/Guter Punkt München
Layout: Birgit-Inga Weber
Gesamtherstellung: Karin Schnellbach
Druck: CPI Moravia Books
ISBN 978-3-86728-209-3

Inhalt

Einleitung   6

Teil I: Das Schweigen brechen

Kapitel 1:   Sedona 2007   19
Kapitel 2:   Warum der 21. Dezember 2012?   42
Kapitel 3:   Das Herz der Maya   69
Kapitel 4:   Die Zeremonie in Tikal   83
Kapitel 5:   Die Zeremonien bei den Candelaria-Höhlen   94
Kapitel 6:   Die positive Seite der Maya-Prophezeiungen   104

Teil II: Die Geburt einer neuen Menschheit

Kapitel 7:   Die Ägypter   111
Kapitel 8:   Carl P. Munck   135
Kapitel 9:   Der Gedächtnisverlust von Atlantis und die russische Raumstation Mir   142
Kapitel 10: Pyramiden, Kristalle und menschliches Tun   153
Kapitel 11: Die Maya-Kodizes   185

Der Anfang: Wie betreten wir die neue Erde?   196

Über den Autor   203

Einleitung

Dieses Buch ist die Fortsetzung meines letzten Buches – »Schlange des Lichts« – und gibt die Weisungen weiter, mit denen unsere eingeborenen Ahnen uns Orientierungshilfe leisten: die indigenen Völker, die immer noch hier auf der Erde leben und die, wie ich glaube, die Schlüssel zu unserer Zukunft in den Händen halten.

In meinen Gesprächen mit dem Ältestenrat der Itza in Yucatan, Mexiko, Anfang 2011 stellte sich heraus: Die Maya glauben, sie werden sich der Welt in den letzten Minuten vor dem Ende der jetzigen Zyklen am 21. Dezember 2012 vollständig zu erkennen geben. Sie werden dann die Geheimnisse, die sie seit Jahrtausenden gehütet haben, aufdecken, damit die Welt erfährt, was sie wissen, denn sie sind sich dessen bewusst: Wir sind sie! Und was uns geschieht, geschieht den Maya.

Nach Überzeugung der Maya sind sie mit dafür verantwortlich, der Welt die notwendige Führung zum Wandel zu geben, damit die *eine Realität* auf neue Weise aus dem Herzen wahrgenommen werden kann. Anders ausgedrückt: Sie wollen uns helfen, diese alte Welt hinter uns zu lassen und in eine neue einzutreten – was ihrer Meinung nach zu diesem Zeitpunkt der Geschichte unbedingt notwendig ist.

Auch ich will ganz offen die Informationen der Maya weitergeben. Ich möchte allen meinen Verwandten beim Aufstieg helfen – und wir sind alle miteinander verwandt.

Wenn die Weiße Schlange sich in den Schwanz beißt – der Uroboros – und perfekt mit den Zyklen der Erde, der Sonne und des Zentrums der Galaxie, die sich ebenso in den Schwanz beißen, abgestimmt ist, dann schließen sich die Kreise und alles ist möglich. Wird die Menschheit darauf reagieren und einen neuen Traum träumen? Alles, was sich ereignet, geschieht in göttlicher Ordnung, und im Zuge der Ereignisse werden wir alle zu Zeugen dessen, was unsere Ahnen jahrtausendelang vorbereitet haben.

Die Informationen der Urvölker sind vielleicht die Hoffnung für die Welt, denn die Alten sind hier und bereit, uns in eine alte Betrachtungsweise des Alltags einzuführen, die über das hinausgeht, was uns von der Gesellschaft, der Religion, der Regierung und der Familie gesagt wurde.

Wir befinden uns in einer Zeit schnellen Wandels, und fast jeder kann das spüren. Ich spreche von meinem Herzen zu Ihrem Herzen: Bereiten Sie sich auf unerwartete Veränderungen in Ihrer Welt vor.

In La'k'esh …

**Sich öffnen
für
die Sichtweise der Maya**

Das Leben vollendet sich immer durch sich selbst.

Es gibt kein anderes!

Uroboros – der Kreis schließt sich.

Nur der EINE Geist fließt durch alles Leben überall,

und alles ist lebendig.

Die heilige Geometrie beweist:

Dieses eine Universum aus Sternen und Planeten
wurde durch die Form und Proportionen
einer einfachen Kugel geschaffen
und kann ebenfalls als Kreis betrachtet werden.

Wenn du das verstehst,
verstehst du die Bedeutung von Kreisläufen.

Zeit ist kreisförmig.
Raum ist kreisförmig.
Dimensionen sind kreisförmig.
Größe ist kreisförmig.
Sogar alle Lichtwellen sind letztlich kreisförmig.

Wenn also ein Kreislauf von 25.625 Jahren zu Ende geht
und ein neuer Anfang entsteht,
sollten wir in unserem Alltag
die Heiligkeit dieses Augenblicks
sehen und erkennen.

Erinnere dich, wer DU im Tanz der Kreisläufe bist,
dann gewinnst du sofort
im Spiel des Lebens.

Welchen Preis erhältst du?

Die Einheit enthüllt sich dir
in allem um dich herum
und
in dir.

Polaritäten verschwinden.

Der Tod wird überwunden.

Unsterblichkeit wird zur Realität.

Und DU schließt den Kreis,
sobald du erkennst,
dass alles um dich herum, die Natur,
auch in dir ist.

Und wisse:
Du bist mit Sternen gefüllt!

DU bist die Verbindung
zwischen dem Außen
und dem Innen.

Und wahrhaftig,
der Erste *ist* der Letzte,
und
der Letzte *ist* der Erste.

$$\Omega$$

In La'k'esh
bedeutet in der Maya-Sprache:

»Du bist ein anderes Ich,
und ich bin ein anderes Du.«

Der Uroboros der Maya

21. Dezember 2012
23.11 Uhr (Chichén Itzá, Mexiko)

In diesem Augenblick
befinden sich die Erde, die Sonne
und das Zentrum unserer Galaxie
auf einer geraden Linie,
und das wird erst
in 25.625 Jahren wieder geschehen.

Wisse auf spiritueller Ebene:

In diesem Augenblick sind das Herz der Erde,
das Herz der Sonne
und das Herz unserer Galaxie
als lebendige Wesen
eng miteinander verbunden.

Geburt ist unvermeidlich.

22. Dezember 2012

12/22/2012

2222

Ein neuer Zyklus beginnt.

**Das Fenster des
globalen Wandels
öffnet sich …**

Teil I

Das Schweigen brechen

1. Kapitel

Sedona 2007

Die Zivilisation der Maya lebt im Verborgenen, ist kompliziert und von uns anderen, die von außen kommen, schwer zu durchschauen. Im Laufe der letzten zwei Jahrzehnte sind viele Maya-Räte entstanden, und sie sind nicht immer einer Meinung – wie es bei anderen indigenen Stämmen und überhaupt auf der Welt auch der Fall ist.

Der Ältestenrat der Maya von Guatemala wurde im Jahr 2000 gegründet. Als Präsident fungiert ein Mann namens Valerio Canche Yah, der meist nicht in Erscheinung tritt, aber sehr viel Macht hat. Gemäß gesetzlichen Vorgaben beträgt die Amtszeit drei Jahre, aber er ist seit Einrichtung der Ratsversammlung im Amt.

Auch Don Alejandro Cirilo Perez ist Mitglied dieses Ältestenrates; er wurde zum Botschafter der Maya für die Welt. Don Alejandro ist ein Schamane und Priester der 13. Generation und strahlte als helles Licht auf der Erde. Er hielt weltweit Vorträge und sprach auch vor den Vereinten Nationen, um zu versuchen, seinem Volk, aber auch der ganzen Welt, zu helfen. Er war der erste indigene Maya, der als Botschafter für die Regierung von Guatemala arbeitete.

Don Pedro Pablo Chuc Pech ist ebenfalls Mitglied des Ältestenrates der Maya von Guatemala. Ich lernte ihn in Paris kennen, wo wir beide auf der Bühne vor ungefähr eintausend Menschen sprachen. Als ich ihn traf, wusste ich sofort, dass er ein großer Mann ist, und fühlte mich im Herzen mit ihm wie mit einem Bruder verbunden. Don Pedro Pablo wurde zum Vorsitzenden des Ältestenrates der Itza Maya von Yucatan in Mexiko ernannt, aber in seiner großen Bescheidenheit legt er keinen Wert auf diesen Titel. Der Ältestenrat der Itza Maya dient hauptsächlich als Schnittstelle zur industrialisierten Welt. Die Itza Maya sind der größte aller Maya-Stämme im Mayaland, welches nicht nur Mexiko, sondern auch Belize, Guatemala, Honduras, El Salvador und weitere Gebiete umfasst.

Auch Hunbatz Men bzw. Hunbatz Mena ist Mitglied der Itza-Ratsversammlung. Er lebt inzwischen meistens auf dem Lol-Be-Maya-Komplex in der Nähe des Chichén Itzá Maya-Tempels, wo die modernen Maya versuchen, sich wieder an ihr verloren gegangenes Wissen zu erinnern, das die spanischen Konquistadoren und die katholische Kirche mit voller Absicht zerstört haben. Im März 2003 lud Hunbatz Men mich und eine von mir zusammengerufene Gruppe von Weltvertretern zur Durchführung einer Zeremonie in Yucatan ein. Davon wird später noch die Rede sein. Während diese aufwendigen und ausgedehnten Zeremonien abgehalten wurden, gründeten die genannten Führer der Maya einen weiteren Rat, den Ältestenrat von Amerika, der eines Tages der Welt vielleicht von Nutzen sein wird; diesem Rat gehören etwa dreihundert Älteste aus ganz Nord-, Mittel- und Südamerika an, und zwar nicht nur Maya, denn er steht allen indigenen Stämmen offen.

Diese indigenen amerikanischen Stämme sind dem Anschein nach einfache Menschen, die tief im Dschungel und hoch im Gebirge leben; doch in ihrem Herzen bewahren sie Informationen, Wissen und Erinnerungen, die zum richtigen Augenblick für die gesamte Welt von unschätzbarem Wert und dringend nötig sein werden. Sie werden das noch zu Ihren Lebzeiten verstehen.

Wir vergessen oft, dass die Alte Welt der Urvölker nach wie vor in unserer Gesellschaft lebt und bis zum heutigen Tag mit dem Herzen von Mutter Erde, dem Herzen von Vater Sonne und dem Herzen des Universums schwingt, um unsere fragile Welt im Gleichgewicht zu halten.

Ich bin überzeugt, wir würden ohne die Maya und andere indigene Völker in einer Welt von unsagbarem Chaos leben, noch viel größer als das Chaos, das wir derzeit erleben. Durch die Maya werden wir Zeugen einer Bewusstseinsoffenbarung, die gemäß den Maya-Prophezeiungen in der Geburt einer neuen Erde und einer neuen Menschheit gipfelt.

Die Prophezeiungen der Itza Maya für die Zeit von 22. Dezember 2012 bergen sicherlich viel Hoffnung und Schönheit, aber die Maya sind auch realistisch und erkennen an, dass der alte Zyklus und die alte Lebensweise am 21. Dezember 2012 zu Ende gehen. Dieses Buch erklärt das Zeitfenster um diese Daten herum.

Um zu verstehen, wohin die Zukunft geht, müssen wir uns an unsere Vergangenheit erinnern, denn alles im Universum bewegt sich in Zyklen, und die Erinnerungen, das Wissen, die Informationen und die Weisheit, die wir für unseren Aufstieg benötigen, sitzen in der DNA unserer Ahnen. Wir können sie nicht einfach ignorieren und blindlings in die Zukunft schreiten; das würde zu einer Katastrophe führen. Wir brauchen sie, und unsere noch lebenden Ahnen brauchen uns.

Wir haben nur eine einzige Chance, uns wieder mit unseren Ahnen zu verbinden, die als Itza Maya und andere indigene Völker immer noch auf der Erde leben. Das geschieht in letzter Minute vor dem großen Umbruch, doch wenn wir es mit offenem Herzen tun, finden wir den Weg in die Neue Welt, und alles wird gut.

Die Schlange des Lichts geht weiter

Wir wollen mit einer Geschichte beginnen, die mir die Maya erzählt haben, damit ich sie an Sie weitergeben kann. Sie bewegt sich wie ein Fluss, der sich dreht und wendet, die Richtung ändert und doch immer

Richtung Meer fließt; unser »Meer« ist der Aufstieg. Diese Geschichten werden die Kluft zwischen unserem Verständnis der Ahnen und der modernen Welt verringern und das Verständnis der modernen Welt von Sonne, Erde und unserem unglaublichen Universum verändern. Wenn Sie meine Worte mit dem Herzen und nicht mit dem Verstand erfassen, werden Sie verstehen.

Was die Maya mir sagen, werde ich in die Sprache der modernen Welt übersetzen. Noch sind wir alle verschieden und haben ein unterschiedliches Verständnis. Die menschliche Sprache ist nicht vollkommen, doch ich möchte Ihr Herz erreichen, denn mit dem Herzen werden Sie mich, das spüre ich, intuitiv verstehen.

Guatemala 2007

Der Maya-Kalender ist der genaueste Kalender, der jemals auf der Erde entdeckt worden ist. Für die Menschen ist es erstaunlich, wie ein Volk unserer Urahnen genauer sein konnte als die moderne Welt mit all ihrer Technik. Selbst heute noch wissen die Maya mehr über die Zeitzyklen als die NASA und die Naturwissenschaftler aus aller Welt.

Nun blickt die Menschheit auf die Maya, um zu verstehen, was der 21. Dezember 2012 – jenes Datum, das im Maya-Kalender eine so große Rolle spielt – bedeutet, und die Maya haben uns eine Antwort gegeben.

Im Juli 2007 kamen das Oberhaupt des Volkes der Maya, Don Alejandro Cerilo Perez, und seine Frau Elizabeth nach Sedona in Arizona, wo ich lebe, und sprachen öffentlich über die Prophezeiungen der Maya. Am nächsten Tag traf ich mich mit ihnen; wir redeten über einige der Prophezeiungen der Maya. Sie baten mich, ihnen zu helfen, diese Prophezeiungen zu erfüllen.

Altar vor einer alten Maya-Pyramide, Tikal, Guatemala

Don Alejandro gab der Öffentlichkeit als Erstes zu verstehen, dass nichts, was wir über die Kultur und den Kalender der Maya gelesen, gehört oder gesehen haben, von einem Rat der Maya genehmigt oder geschrieben worden ist und deshalb auch nicht die Worte des Volkes der Maya darstellt. Alles, was wir über die Maya erfahren haben, stammt von Universitäten, Regierungen, Religionen, Archäologen und Laien wie Jose Arguëlles, von denen einige zwar Maya sind, aber auf eigene Faust arbeiten.

Wie Don Alejandro vor dreihundert Menschen sagte, hat weder der Nationale Ältestenrat der Maya von Guatemala noch irgendein anderer Rat der Maya seit 527 Jahren (bis 2007) ein einziges Wort verlauten lassen – eine sehr lange Geheimhaltung.

Im Jahr 2007 brachen die Maya ihr Schweigen – was für die Welt sehr wichtig ist. Denn die Wahrheit kann nur von den Maya selbst verkündet werden. Eine von Außenseitern konstruierte »Wahrheit«, die lediglich auf Vermutungen basiert oder von einer Bewusstseinsebene herrührt, die so gut wie nichts mit den Maya zu tun hat, kann keine Gültigkeit haben.

Die Maya lassen uns wissen: Die Welt, in der wir leben und die wir kennen, ist anders, als wir meinen. Wir modernen Menschen glauben, die Welt sei fest und real und könne nur durch äußere Geschehnisse verändert werden; wir meinen, die Welt sei etwas Festgelegtes und gehe ewig weiter, mit oder ohne uns. Doch die Maya sagen uns: Das stimmt nicht. Die Welt besteht aus Bildern, die von Bewusstsein erzeugt werden und mit Hilfe von Zeremonien auch durch Bewusstsein verändert werden können – insbesondere Bewusstsein, das direkt mit dem menschlichen Herzen verbunden ist.

Wir stehen kurz davor, eine Seinsweise zu erlangen, die nur von der Alten Welt verstanden wird; die moderne Welt hat von dem, wovon in diesem Buch die Rede sein wird, so gut wie keine Ahnung – die meisten Leute wissen rein gar nichts von ihrer Existenz. Und doch ist diese Art des Seins genau das, was wir, die moderne Welt, zu diesem Zeitpunkt der Geschichte brauchen, aber wahrscheinlich wissen Sie nichts davon.

Die Situation der Menschheit ähnelt der eines Schmetterlings, der demnächst seinen Kokon verlässt. Alles bislang Bekannte wird sich verändern, und eine komplett neue Welt ist im Entstehen begriffen.

Drunvalo

Warum also rede ich als Weißer über die Maya? Um diese Frage zu beantworten, muss ich ein bisschen über mich und mein Leben erzählen. Ich werde mich dabei möglichst kurz fassen.

Wie viele Menschen auf der Erde fragte ich mich zwischen zwanzig und dreißig, warum ich eigentlich hier auf der Erde bin und worin der Sinn des Lebens besteht. Was ist dieser Planet und seine strahlende Sonne? Was dringt wirklich in unser tägliches Leben? Ich hatte viele faszinierende Fragen, und so ging ich aufs College und studierte Physik und Mathematik – allerdings nicht, um Physiker zu werden oder einen guten Job zu bekommen. Ich dachte, Physiker und Mathematiker müssten wissen, worum es sich bei diesen Sternen und Planeten handelt, und so studierte ich jahrelang, bis ich schließlich zu der Überzeugung gelangte, dass die Wissenschaftler auch nicht mehr über das Universum wussten als ich. Sie haben sich verloren und sind ebenfalls auf der Suche.

Also wandte ich mich von der linken zur rechten Gehirnhälfte und studierte Kunst, Kunstgeschichte und Malerei. Zwei Jahre lang beschäftigte ich mich mit 20.000 Jahren Kunstgeschichte, von den Höhlenmenschen bis zur Moderne, und allmählich begann ich dank der weiblichen Seite des Gehirns zu ahnen, worum es im Leben geht. Doch nach wie vor war die Wahrheit äußerst schwer zu fassen.

Nach meinem College-Abschluss wandte ich mich der Meditation zu. Schon oft hatte ich gehört, dass die Antworten in uns lägen – was mir sinnvoll erschien. In meinen ersten Meditationsversuchen widmete ich mich den Hindus und lernte Mantras kennen, die Auswirkungen von Klang auf das Bewusstsein. Ihre Kraft überzeugte mich, und so beschäftigte ich mich ernsthaft mit diesem Ansatz zum Verständnis des Lebens.

Eines Tages befand ich mich in tiefer Meditation und wurde von einem unerwarteten Phänomen überrascht. Ich hatte nicht darum gebetet – es passierte einfach. Zwei strahlend helle Lichtkugeln von etwa 40 Zentimeter Durchmesser schwebten ins Zimmer zu mir, ungefähr einen Meter auf beiden Seiten von meinem Körper entfernt. Eine war wunderschön ultraviolett, die andere erstrahlte in einem ganz hellen Grün. Ich hatte keine Ahnung, was das war, aber aus irgendeinem Grund hatte ich keine Angst, so als wäre das ganz normal.

Dann hörte ich in meinem Kopf telepathisch folgende Worte: »Wir sind nicht getrennt von dir. Wir sind du auf einer anderen Existenzebene.« Ich wusste nicht, was das bedeuten sollte, aber es machte mich neugierig darauf, was es mit der Existenz einer viel fokussierteren und intensiveren Ebene auf sich hatte. Diese beiden Lichtkugeln wurden zu meinen Lehrern und Begleitern, und auch heute, vierzig Jahre später, sind sie immer noch in meinem Herzen und in meinem Leben.

Meine Kommunikation mit diesen beiden Lichtkugeln führte mich zu über siebzig spirituellen Lehrern in aller Welt. Ich studierte viele Formen der Meditation. Gleichzeitig führten die beiden Lichtkugeln mich auch in die Welt der Urvölker und zu einem Verständnis ihrer alten Lebensweisen. Beides spielt im vorliegenden Buch eine Rolle.

Schon bald offenbarten mir die beiden Lichtkugeln, sie seien »Engel«, Wesen ohne Form. Sie nehmen Form an, um den Menschen etwas zu geben, mit dem sie Verbindung aufnehmen können. Vor langer Zeit, so erzählten sie, gaben sie sich das Aussehen eines Menschen mit Flügeln, was aber in Wahrheit nicht ihre natürliche Form sei. Ich hatte nie zuvor mit einem Engel Kontakt gehabt, aber da sich ihre Essenz so warm und angenehm anfühlte, vertraute ich ihnen. Ein Vertrauen, das ich in all den Jahren nie verloren habe.

Schon zu Beginn meiner Beziehung zu den »Engeln« führten sie mich zum Stamm der Taos-Indianer in New Mexico. Vierzehn Jahre lang verbrachte ich im bzw. in der Nähe vom Taos Pueblo. Einer meiner Mentoren bei den Taos war Tellus Goodmorning. Als wir uns kennenlernten, war er schon über neunzig Jahre alt; inzwischen ist er in die nächste Welt übergegangen. Er war das Oberhaupt der Peyote-Kirche der Vereinigten Staaten und fragte mich, ob ich sein Schüler sein wolle (seltsamerweise erlaubte er mir nie, Peyote-Kaktus zu essen; er sagte, ich bräuchte das nicht).

Nach und nach enthüllten mir auch andere Mitglieder vom Taos Pueblo ihre alten Lebensweisen, darunter Juan Concha, der letzte Häuptling des Taos Pueblo, dem vom Stamm der Titel des »Kasiki« bzw. spirituellen Führers verliehen wurde.

Ich beobachtete, wie die innere Arbeit dieser amerikanischen Ureinwohner in meinem Leben zur Entfaltung kam. Vierzehn Jahre der Schulung bei den Taos veränderten mein Leben. Ich war nun bereit, in die Welt hinauszugehen und mit anderen Stämmen zu arbeiten. Laut den Taos-Indianern war das der Sinn und Zweck meines gegenwärtigen Lebens.

Anschließend führten mich die Lichtkugeln zu den Anasazi, dem alten Volk, das noch vor den Hopi, den Sioux, den Lakota, den Cheyenne und den meisten anderen uns bekannten Stämmen lebte. Durch die Anasazi lernte ich die Heiligkeit der Zeremonie kennen und verstehen. Über sie gelangte ich zu den Maya.

1985 wiesen mich die Lichtkugeln (über einen Mann namens Thot, den altägyptischen Schreiber) an, nach Yucatan in Mexiko zu gehen und dort die Kunst der Zeremonie weiterzustudieren und auszuüben. Mit Thot haben auch die Maya eine lange Geschichte, denn er war König von Atlantis, als die Maya dort lebten. Davon wird später noch die Rede sein. Thot leitete mich an, in heiligen Maya-Tempeln wie Uxmal, Labna, Kabah, Chichén Itzá, Tulum, Kohunlich, Palenque und sogar Tikal in Guatemala Zeremonien abzuhalten. Das war meine Initiation, und die Itza Maya beobachteten mich bei meinen ersten Schritten auf dieser Ebene.

Ein paar Jahre später lernte ich Hunbatz Men kennen, einen Maya-Priester und Schamanen, der in Verbindung mit dem Ältestenrat der Itza Maya steht und in Yucatan lebt. Er lehrte mich, wie die Maya die Welt wahrnehmen – ihre Wahrnehmung unterscheidet sich von jener der US-amerikanischen Stämme, die ich kannte. Ende der 1990er-Jahre bat mich Hunbatz, mit ihm Zeremonien durchzuführen, und viele Jahre lang kamen wir in verschiedenen Tempeln in Yucatan zusammen.

Über Jahre folgte ich immer wieder der Bitte, vor ihrem Rat zu sprechen, um meine Beziehung mit ihnen aufrechtzuerhalten und ihr altes Wissen noch besser zu verstehen. Die letzten Jahre lud mich der Ältestenrat der Itza Maya ein, ein Teil des Rates zu sein.

Im Frühjahr 2003 bat mich Hunbatz Men, nach Mexiko zu kommen, wo wir tiefergehende Zeremonien mit Stämmen aus ganz Mittel- und Südamerika durchführten. Mit meiner größeren Einsicht in die Welt der Ahnen und der immer stärkeren Nähe zur Quelle des Lebens veränderte sich auch mein Verständnis der wahren Bedeutung der Zeremonie. Erst 2007 hatte ich das Gefühl, ich würde wirklich verstehen, was Zeremonie für die Alte Welt bedeutet. Ich hatte die Zeremonien der Vergangenheit gebraucht, um an diesen Punkt zu gelangen, wo ich meine Erziehung als Weißer hinter mir lassen konnte.

Entwicklung des Bewusstseins

Wie wir wissen, entwickelt sich das menschliche Bewusstsein ständig weiter. Über lange Zeit hinweg hat die Wissenschaft diese Evolution verfolgt und aufgezeichnet. Doch in jüngster Zeit hat sich die Entwicklung des modernen Menschen auf eine Weise beschleunigt, die den meisten Menschen noch gar nicht recht klar geworden ist. Viele von uns haben das Gefühl, die Zeit laufe immer schneller; doch das gilt für die gesamte menschliche Entwicklung.

Ende der 1980er-Jahre veröffentlichten die Herausgeber der »Encyclopedia Britannica« eine wichtige Entdeckung: Nimmt man das gesammelte Wissen der Menschheit seit Beginn der Zivilisation, die vor ungefähr 6000 Jahren mit den Sumerern ihren Anfang nahm, bis zum Jahr 1900 n. Chr., dann hat sich die Menge an Wissen zwischen 1900 und 1950 verdoppelt. Im Lauf dieser 50 Jahre lernten wir, um es einmal computertechnisch auszudrücken, so viele Informations-Einheiten dazu wie in den vergangenen 6000 Jahren davor – etwas bislang Einmaliges in der Menschheitsgeschichte!

Doch damit hörte die Entwicklung nicht auf: Zwischen etwa 1950 und 1970 lernte die Menschheit erneut so viel wie in den ersten 6000 Jahren, diesmal brauchte sie dazu nur zwanzig Jahre. Der nächste, ebenso große Wissenssprung dauerte nur noch ungefähr zehn Jahre, von 1970 bis 1980. Die Beschleunigung setzte sich fort und 1986 erreichten wir die nächste Verdoppelung. Bis in die heutige Zeit wird unser Wissenszuwachs immer größer und schneller.

Während der 1980er-Jahre wurden wir mit Informationen aus dem Weltall und über die Erde so überschwemmt, dass die NASA es nicht mehr schaffte, alles in ihre Computer einzugeben, und damit acht oder neun Jahre hinterherhinkte. Sie musste warten, bis die Hardware und Software mit der menschlichen Lernfähigkeit Schritt halten konnte.

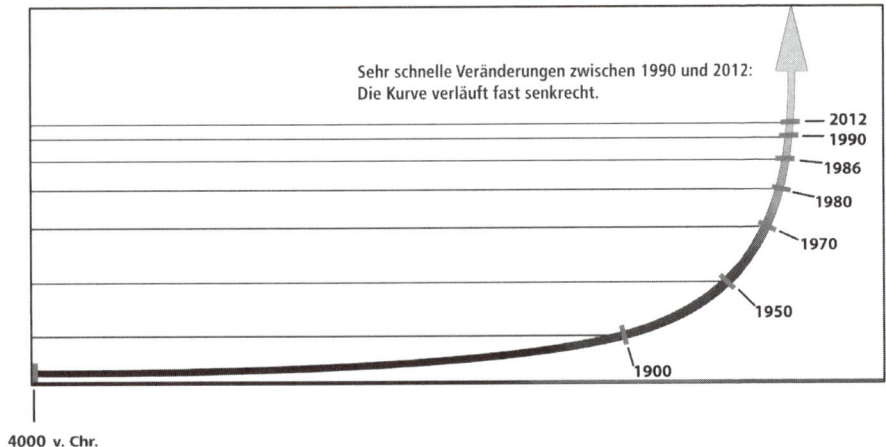

▶ Die Wissenskurve von 1900–2012

Heute geht die Kurve immer steiler nach oben. Wir lernen alle paar Wochen so viel dazu wie in den ersten 6000 Jahren. Hört sich unmöglich an, ist aber wahr.

In den indischen »Veden«, die vor ungefähr 6000 Jahren geschrieben wurden, ist von der Zeit, in der wir jetzt leben, die Rede. Sie erzählen, wie wir Elektrizität und Magnetismus verstehen lernen; sie sprechen davon, dass wir »in Metallkisten am Himmel fliegen« – das ist ein Zitat! Und gemäß den vedischen Schriften werden wir an einem einzigen Tag alles aufgeben. Wie ein Kind, wenn es älter wird, seinen Teddybär zur Seite legt und nach Höherem strebt, wird auch die Menschheit alles loslassen. Das mag schwerer zu glauben sein als der eigentliche Aufstieg, aber das Leben ist voller Überraschungen.

Aus Maya-Sicht ist eine hoch entwickelte Technologie kein Zeichen für eine Hochkultur, sondern vielmehr ein Hinweis auf eine Zivilisation, die kurz davor steht, eine zu sein. Wozu braucht ein Volk Technologie, wenn es entdeckt, dass der menschliche Körper und das menschliche Bewusstsein zu allem fähig sind, was jetzt die Technologie erledigt, und weit, weit darüber hinaus? Würden wir die Technologie im Außen nicht aufgeben, wenn wir herausfänden, dass die innere Technologie ihr haushoch überlegen ist? Nach Überzeugung der Maya wird uns diese Erkenntnis für immer verändern.

Ein Blick zurück auf die Kulturen unserer Ahnen zeigt: Wir Menschen von heute sind ganz anders als unsere Vorfahren vor …, sagen wir einmal, 2000 Jahren. Das ist ziemlich offensichtlich, nicht nur im Hinblick auf unsere modernen Techno-Spielzeuge, sondern auch hinsichtlich unserer Wahrnehmung der uns umgebenden Realität, unserer Vorstellung von der Wirklichkeit und vom Menschen innerhalb dieser Welt. Gemäß den Lehren der Maya durchlaufen wir schon bald einen Wandel großen Ausmaßes, eine Bewusstseinsveränderung. Wir werden zu etwas völlig Neuem, zu einer neuen Spezies mit einer neuen Realitätswahrnehmung.

Darum geht es eigentlich beim 21. Dezember 2012: eine Veränderung des menschlichen Bewusstseins, den wir als Aufstieg bezeichnen. Wir werden über alle möglichen anderen Themen sprechen, aber es geht immer in diese Richtung. Das menschliche Bewusstsein nähert sich einem kritischen Zeitpunkt an, an dem die Entwicklung des Menschen sich stark beschleunigt und den Sprung auf eine neue Bewusstseinsebene schafft. Wir werden zu etwas, das größer ist als das, was wir »Mensch« nennen.

Mit diesem Verständnis kommen wir zurück auf die Aussagen der Maya hinsichtlich dessen, was wir werden. Wenn wir von der Veränderung des menschlichen Bewusstseins sprechen, beruht das auf diesem Verständnis. Zunächst einmal müssen wir uns unbedingt in Erinnerung rufen, was Zeremonie bedeutet, denn im Rahmen der Zeremonie werden wir zurückfinden zu unser Fähigkeit des Aufstiegs.

Zeremonie

In der Welt unserer Ahnen bedeutete Zeremonie weitaus mehr, als wir modernen Menschen uns überhaupt vorstellen können. Zeremonie ist die direkte Kommunikation und eine lebendige Verbindung mit dem Großen Geist, Mutter Erde, Vater Himmel und allem Leben überall. Die alten Völker glaubten, eine Zeremonie müsse ausgeführt werden, bevor in der Welt der Menschen harmonische Veränderungen stattfinden können. Durch Zeremonien wird unser Herz mit dem Herzen der Erde, der Sonne und des Universums, mit allem und jedem verbunden.

Durch Zeremonien erhielten die Völker der Alten Welt Zugang zu einer heiligen Welt unendlicher Möglichkeiten. Laut den Prophezeiungen der Maya gerät die Menschheit in den Jahren 2012 bis 2015 in ein sehr tiefes Chaos. Doch wir müssen keine Angst haben; das ist nicht das Ende, sondern vielmehr der Anfang. Ist es das Ende des Zeitzyklus und das Ende der Welt? Oder ist es der Beginn eines neuen Zyklus voller Schönheit und Hoffnung? Genau das müssen wir herausfinden.

Legen wir unseren Fokus beim Betrachten der Welt um uns herum auf das Ende, sehen wir: Alles in unserer modernen Zeit scheint auf sehr grundlegenden, umfassenden Ebenen zu degenerieren und zusammenzubrechen, genau wie es die Maya vor langer Zeit vorausgesagt haben.

Nehmen wir beispielsweise die Erderwärmung und die hohe Wahrscheinlichkeit einer sich schnell nähernden nächsten Eiszeit (bei der unsere Umwelt sich zunächst erwärmt); dadurch würde ein Großteil des Lebens auf der Erde ausgelöscht. Das weltweite Finanzsystem steht kurz vor dem totalen Kollaps – etwas, mit dem wir alle zu kämpfen haben. Krankheiten wie HIV/Aids, H5- (Vogelgrippe) und H5N1-Grippeviren sowie andere Krankheiten könnten weltweite Pandemien auslösen. Zurzeit werden auf dem Planeten über vierzig Kriege ausgefochten – außer Afghanistan und dem Arabischen Frühling gibt es weltweit viele andere Kriege, denen keine Beachtung geschenkt wird. Und was noch schlimmer ist: Ungefähr vier Milliarden Menschen leben von weniger als zwei Dollar am Tag; tagtäglich verhungern 25.000 Kinder. Die weltweite Bevölkerung von rund sieben Milliarden Menschen wächst beständig weiter und droht durch ihre bloße Existenz alles Leben auf der Erde zu zerstören.

Diese Liste ließe sich fortsetzen, doch Sie wissen im Herzen, wovon ich rede: Wir leben in unsicheren Zeiten, um es einmal milde auszudrücken. Wie die Maya sagen, wurde dieses ganze Chaos vor langer Zeit vorhergesagt. Wir nähern uns dem Ende eines sehr langen Zyklus, und gegen Ende eines Zyklus bricht immer Chaos aus. Das gehört zum Kreislauf von Leben und Tod; es ist etwas ganz Natürliches.

Die Maya sagen voraus, dass das derzeitige Chaos erst der Anfang ist. Auf der Erde wird etwas geschehen, das viel stärker und mächtiger ist als alles, was die Menschheit derzeit erlebt oder jemals erlebt hat.

Höchste Zeit, uns anzuhören, was da kommen wird, und uns innerlich zu rüsten! Jetzt ist nicht der richtige Zeitpunkt, einfach so weiterzuleben, als wäre alles ganz normal, denn das ist es eben nicht. Doch jenes, was anstelle der normalen Realität kommen wird, ist etwas viel, viel Größeres.

Obwohl die bevorstehenden Veränderungen jede Menge negativer Konsequenzen nach sich ziehen, gibt es einen positiven Aspekt, den die Maya und ich Ihnen nahebringen möchten. Ja, wahrscheinlich wird sich die Erde verändern, doch es gibt etwas viel Wichtigeres, unglaublich Schönes und Positives, worüber niemand redet und dessen sich die Wissenschaft nicht bewusst ist. Dies ist eine Botschaft großer Hoffnung!

Ob das Ende des Zyklus im Maya-Kalender der Langen Zählung nun eine Katastrophe oder ein Segen für uns ist, hängt von der Menschheit ab; das haben mir nicht nur die Maya, sondern auch andere indigene Stämme vermittelt. In Zeiten wie der unseren, in der eine Seite im Buch der Geschichte weitergeblättert und die Zivilisation in eine Krise gestürzt wird, ist es ausschlaggebend, wie die Menschheit ihre gesamten Erfahrungen, all ihr Wissen und ihre Weisheit in einer Bewusstheit zusammenführt, die die Menschen in die Zukunft führt.

Ist diese zukünftige Erfahrung nachhaltig und andauernd, werden wir überleben; ansonsten werden wir dasselbe Schicksal erleiden wie die Dinosaurier und ausgelöscht werden. Es liegt an uns. Wir haben die Macht, jetzt unsere Zukunft zu verändern, ja das Hier und Jetzt ist sogar der einzige Zeitpunkt und der einzige Ort, um diesen Wandel zu vollziehen.

Ist von diesem neuen Bewusstsein die Rede, steht dahinter ein tiefes Verständnis bzw. Geheimnis, wie dieses höhere Bewusstsein entsteht. Das lässt sich in einem einzigen Satz ausdrücken, der allerdings von den meisten Menschen nicht verstanden wird; ich äußere ihn trotzdem und komme dann darauf zurück, um ihn näher zu erläutern: Der Bewusstseinssprung kann sich nur vollziehen, wenn die Bewusstheit der Alten Welt mit der Bewusstheit der modernen Welt zusammengebracht wird.

Einfach ausgedrückt, leben wir gleichzeitig in der Alten und in der modernen Welt, aber das fällt uns sehr schwer. Die beiden Welten müssen sich gegenseitig verstehen und das Wissen und die Weisheit der jeweils anderen Welt in sich aufnehmen, sonst wird es weder der Alten noch der modernen Welt möglich sein, auf eine höhere Bewusstseinsstufe aufzusteigen. Dazu ist Zusammenarbeit erforderlich.

Die Alte Welt ist bereit, diesen Schritt jetzt zu tun. Fast alle indigenen Stämme weltweit sind bereit für den Wandel. Die moderne Welt hat allerdings immer noch nicht verstanden, wie wichtig die Urvölker und deren Nachfahren, die Alte Welt, für sie sind. Doch warum sind unsere Vorfahren für uns überlebenswichtig? Und warum ist unser Überleben wichtig für unsere Ahnen?

Die Maya der ewigen Zeit

Wir Menschen in der modernen Welt leben zum Großteil in einer synthetischen Realität. Damit meine ich ein Leben getrennt von der Natur: Wir leben in unseren Häusern, unseren Autos, ja sogar in unseren Schuhen.

Unsere Technologie schirmt uns von der Außenwelt und den Gefahren der Natur ab, aber auch von der essenziellen elektrischen Verbindung zu Mutter Erde, die von allen indigenen Völkern verstanden wird [ich empfehle Ihnen, sich mit der neuen Wissenschaft des Earthing vertraut zu machen, z. B. auf der Website www.earthing.com (Anm. d. Übers.: deutsche Website http://www.earthing-info.de)].

Wir sind so stolz auf unsere technologischen Errungenschaften, dass wir uns nicht vorstellen können, warum Angehörige von indigenen Stämmen, die mit den Füßen im Dreck herumlaufen und sich kaum genug Nahrung verschaffen können, tatsächlich in der Lage sein könnten, diese moderne Welt zu beeinflussen.

Ich möchte Ihnen erklären, warum die Maya und andere Urvölker so wichtig für das Überleben der Menschheit sind. Lassen Sie diese Erkenntnis in sich reifen, dann erhalten Sie Zugang zur verborgenen Welt der Maya und zu ihrer Weisheit und Lebensweise.

Die Heilige Geometrie

Ein Blick in die Natur und auf das Universum zeigt uns: Der menschliche Körper und alle bekannten Lebensformen unterliegen der sogenannten Fibonacci-Folge, einer mathematischen Zahlensequenz (darüber später mehr). Der menschliche Körper enthält diese Zahlenmuster an Milliarden von Stellen, denn jede einzelne Zelle baut darauf auf.

Ebenso entsprechen die proportionalen Verhältnisse vieler Körperteile den Fibonacci-Zahlen.

Die Heilige Geometrie ist die Blaupause des Universums. Durch sie wird das ansonsten totale Chaos geordnet. Die Anordnung eines jeden einzelnen in der materiellen Wirklichkeit existierenden Objekts wird unabhängig von dessen Größe durch die geometrischen Muster der sogenannten Heiligen Geometrie in eine Ordnung gebracht. Planeten umkreisen die Sonnen mit einer Präzision nach den Regeln dieser Heiligen Geometrie.

Wie die umfassende Mathematik in allen antiken Pyramiden belegt, haben unsere Ahnen diese Zusammenhänge sehr gut verstanden; doch der modernen Welt ist dieses Grundwissen abhanden gekommen. In den letzten 500 Jahren war es im Dunklen verborgen. Jetzt hat sich die NASA an dieses uralte Wissen erinnert und bringt es mit neuen Erkenntnissen zusammen; es entsteht ein klareres Bild des Universums. Ohne dieses alte Wissen könnten wir niemals die Wahrheit der Realität erfahren.

Der Goldene Schnitt

So wie ich es begreife, stehen der Goldene Schnitt und dessen Proportionszahl Phi (ɸ) über allen anderen Verhältniszahlen und Proportionen im Universum. Sie können eine beliebig lange gerade Linie hernehmen und an einer bestimmten Stelle teilen, um den Goldenen Schnitt zu erhalten: Der kürzere Teil dieser Linie entspricht der Zahl Eins, der längere Teil (leicht aufgerundet) der Zahl 1,6180339 – einer irrationalen Zahl, die ins Unendliche geht. Dieses Verhältnis sieht man nicht nur in Planeten, Sternen und Monden, sondern in allen Lebensformen auf der Erde, auch im menschlichen Körper.

Betrachten Sie einmal die Gelenke und Knochen Ihrer Hand: Wenn Sie die Länge des mittleren Knochens durch die Länge des Knochens mit dem Fingernagel teilen, stehen sie im Phi-Verhältnis zueinander: 1,6180339. Nimmt man dann die Länge des dritten und längsten Fingerknochens und teilt sie durch die Länge des mittleren Knochens, kommt erneut die Zahl Phi heraus. Der Goldene Schnitt steckt in allen Knochen.

Für mich ist der Goldene Schnitt unter allen anderen mathematischen Möglichkeiten ganz sicher die wichtigste Verhältniszahl. Sogar die Größe der Planeten und ihrer Monde ist kein Zufall, sondern entspricht perfekt den Regeln der Heiligen Geometrie.

Doch das Leben – ich und Sie und alles Leben überall – weiß nicht, wie es den Goldenen Schnitt hervorbringen kann. Ich glaube sogar, der Goldene Schnitt existiert von Natur aus nirgendwo im Universum. Er ist das Grundprinzip der idealen Verhältniszahl und kommt in der Natur immer nur näherungsweise vor. Das Leben weiß nicht, wie es mit unendlichen Zahlen umgehen soll.

Aber habe ich nicht eben gesagt, der Goldene Schnitt findet sich in unserem Körper? Ist das nicht ein Widerspruch? Hier ist die Erklärung:

Das Leben hat dieses fantastische Verhältnis schon zu Beginn der Schöpfung entdeckt. Wiederentdeckt wurde die Annäherung jedoch erst vor ein paar Hundert Jahren von dem italienischen Mathematiker Fibonacci. Die Fibonacci-Zahlen lauten: 0, 1, 1, 2, 3, 5, 8, 13, 21, 34, 55, 89, 144 etc. Sie sind einfach eine Zahlenfolge, bei der sich die jeweils nächste Zahl durch Addition ihrer beiden vorhergehenden Zahlen ergibt. Beginnt man also mit 8 und addiert zu dieser Zahl die davorliegende 5 dazu, erhält man als nächste Zahl 13.

Wenn man aber diese Zahlen jeweils durch die vorhergehende Zahl teilt und die Zahl Phi = 1,6180339 als (ungefähres) Ergebnis im Blick hat, versteht man: Teilt man 1 durch 1, ergibt sich 1, und diese Zahl liegt unter dem Maß des Goldenen Schnitts. 2 geteilt durch 1 ist 2, was über 1,6180339 liegt, aber immerhin dem Goldenen Schnitt näher kommt. 3 geteilt durch 2 ergibt 1,5; das liegt also noch näher, ist aber kleiner als das Idealmaß Phi. 5 geteilt durch 3 ist (leicht aufgerundet) 1,66667, also ein bisschen größer, aber noch näher. Je größer die zu teilende Zahl ist, die durch die vorhergehende Zahl geteilt wird, desto mehr nähert man sich dem Goldenen Schnitt mit 1,6180339. Teilt man 55 durch 34, ist man schon sehr nahe dran.

▶ Ein Nautilusschneckenhaus

Auf dem Bild sehen wir die aufgeschnittene Schale einer Nautilusschnecke, sodass man ins Innere blicken kann. Jede Kammer entsteht auf Basis der Fibonacci-Folge. Zunächst sind die Kammern in ungleichmäßigen Abständen angeordnet und sehr seltsam, denn anfangs kommen sie nicht so nah an den Goldenen Schnitt heran. Die erste Kammer entspricht der Zahl 1; es geht weiter mit 1, dann 2, dann 5 etc. Je höher die Zahl in der Fibonacci-Folge, desto näher liegt sie an diesem perfekten Verhältnis/Maß – wie man am Haus der Nautilusschnecke sehen kann, bei der die Kammern mehr und mehr Perfektion erreichen.

Das ist der Weg des Lebens. Um die Tatsache zu umgehen, dass es solche komplexen irrationalen Zahlen nicht nutzen kann, verwendet es nur einstellige ganze Zahlen als Basis, beispielsweise 1, 2 und 3, und zwar nicht nur in unserem Körper, sondern in allem Lebendigen auf der Erde, auch in Dingen, die für uns gar nicht lebendig sind, zum Beispiel Kristallen.

Hier geht es ja darum, zu erklären, warum die Alte Welt und die moderne Welt sich gegenseitig brauchen, um die Prophezeiungen der Maya zu überleben. Das können wir anhand eines Bildes der Sumpfschafgarbe erklären (Abb. S. 40/41), einer seltsam aussehenden Pflanze, deren Wachstum aber auf der Fibonacci-Folge beruht, die sich vor unseren Augen entfaltet. Wenn sie aus der Erde hervorsprießt, wächst zunächst ein Blatt, dann noch eins, dann zwei, dann drei, dann fünf, dann acht Blätter und schließlich dreizehn Blüten.

Die Frage ist nun: Woher weiß diese Pflanze, nachdem fünf Blätter gewachsen sind, wie viele als Nächstes wachsen werden? Es sind acht Blätter, aber warum nicht zehn oder zwölf oder wie viele auch immer? Wie weiß sie das?

Indem sie auf die Vergangenheit zurückblickt – also auf die 3 – und weiß: Wenn sie die Vergangenheit zur Gegenwart – also zur 5 – addiert, liegt die Zukunft bei 8. Sie weiß genau, dass es sich um die Zahl 8 handelt.

▶ Sumpfschafgarbe

Genau in dieser Situation befindet sich die Menschheit zurzeit. Die moderne Welt der Gegenwart entspricht der Zahl 5; sie weiß nicht, wohin sie geht, weil sie die Verbindung zu ihrer Vergangenheit vollständig verloren hat. Doch wenn und falls sie sich mit der Alten Welt rückverbindet, weiß sie genau, wohin es gehen soll. Ohne diese Rückverbindung zur Alten Welt können wir nicht wissen, in welche Richtung unser Bewusstsein sich erweitern wird. Diese Rückverbindung ist keine Wahlmöglichkeit, sondern ein Muss. Die Alte Welt ist bereit für uns.

▶ Die Fibonacci-Sequenz der Sumpfschafgarbe

Die Alten wissen, sie brauchen uns. Nur wir wissen nicht, dass wir sie brauchen. Das ist das Problem, allerdings eines, das Sie, wie ich meine, lösen werden.

2. Kapitel

Warum der 21. Dezember 2012?

Der Maya-Kalender ist der exakteste Kalender auf der Erde; seine unglaubliche Präzision hat bei Wissenschaftlern weltweit für Überraschung gesorgt. Unter anderem auch wegen dieser hohen Genauigkeit erhoffen sich Millionen Menschen von den Ältesten der Maya eine Erklärung für den 21. Dezember 2012.

Wir ahnen, dass dieses Datum wichtig ist; aber wir wissen oft nicht, was es wirklich bedeutet. Um Licht ins Dunkel zu bringen, müssen wir über andere Zeitzyklen sprechen, die nachfolgend in der richtigen Reihenfolge erklärt werden, denn sie hängen alle miteinander zusammen.

Die Verschiebung der Magnetpole der Erde, der sogenannte Polsprung, der Schlüssel zu den Maya-Prophezeiungen, wird auch von der modernen Wissenschaft bestätigt. Falls die Maya wirklich recht haben, werden die bevorstehenden Ereignisse tatsächlich die Welt verändern. Interessiert das überhaupt jemanden?

Die Maya hoffen sehr, dass es von Interesse ist. Beim Studium des Maya-Kalenders kamen die Forscher zu dem Schluss, 2012 sei für die Menschen das Jahr des Weltuntergangs. Öffnet man sich allerdings wirklich der Perspektive der noch lebenden Maya, müsste man genauer von der Geburt einer neuen Menschheit – oder noch klarer: von der Geburt eines neuen Bewusstseins – sprechen. Doch dieser Teil der Prophezeiung ist fast der ganzen Welt verborgen geblieben – bislang!

Der Nationale Ältestenrat der Maya

Zum besseren Verständnis möchte ich etwas zu meiner Quelle sagen, dem Nationalen Ältestenrat der Maya von Guatemala. Es gibt 440 Stämme, die größtenteils in Mexiko, Belize, Honduras, El Salvador und Guatemala leben; jeder dieser Stämme hat einen gewählten Ältesten. Aus diesen 440 Ältesten setzt sich der Ältestenrat der Maya zusammen, mit Hauptsitz in Guatemala. Der Rat wählt ein Mitglied zum Vorsitzenden des Gesamtrats und als Oberhaupt des Volkes der Maya. Im Jahr 2007 erfüllte diese Aufgabe Don Alejandro Cirilo Perez, der wahrscheinlich mehr über die Maya und ihre Kultur weiß als sonst jemand auf der Erde.

Es gibt weitere Ratsversammlungen, beispielsweise den Ältestenrat der Itza Maya mit Sitz in Yucatan, Mexiko, dessen Mitglied ich seit vielen Jahren bin. Darüber hinaus kümmern sich weitere kleinere, meist regionale Ratsversammlungen in Belize und Honduras sowie an anderen Orten um die Bedürfnisse der weiter entfernt lebenden Maya.

Don Alejandro berichtete mir Folgendes zu den Maya-Prophezeiungen für das Jahr 2012: Zunächst, so sagte er, gibt es um dieses Datum, den 21. Dezember 2012 herum, ein Zeitfenster von etwa sieben bis acht Jahren, von den Maya »*das Ende der Zeit*« genannt. So wie ich es verstehe, begann dieses Zeitfenster am 24. Oktober 2007, das genaue Enddatum wurde aber nicht genannt. Bei einer Dauer von acht Jahren schließt sich dieses Zeitfenster etwa im November 2015. Ganz sicher leben wir im Moment in diesem Fenster des *Endes der Zeit*.

Laut Don Alejandro ist es zudem höchst unwahrscheinlich, dass die Maya-Prophezeiungen tatsächlich am 21. Dezember 2012 ihren Anfang nehmen, wie die meisten Leute glauben. Ihm zufolge werden sie einfach irgendwann innerhalb des Zeitfensters beginnen; es könnte also von jetzt an jederzeit passieren, aber vielleicht auch erst im November oder Dezember 2015.

Um die Situation besser zu begreifen, sollten wir verstehen, was der 21. Dezember 2012 tatsächlich ist. Dazu müssen wir uns mit der Präzession der Erdachse beschäftigen.

Die Präzession der Erde

Auf dem Sonnenkalender der Maya sind Räder in Rädern abgebildet, die alle aufeinander abgestimmt sind. Diese Räder bzw. Zyklen drehen sich scheinbar unterschiedlich schnell, so wie bei einem alten Uhrwerk. Eines dieser Räder stellt die Präzession der Erde dar, die an der Wanderung des Frühlingspunktes erkennbar ist, der ungefähr alle 25.625 Jahre zu seinem Ausgangspunkt zurückkehrt.

Innerhalb dieses Zeitraumes, der auch »Platonisches Jahr« genannt wird, sind fünf perfekte Zyklen der Langen Zählung der Maya von jeweils ca. 5125 Jahren verborgen. 5125 mal fünf ergibt 25.625 Jahre, also bis auf winzige Abweichungen die exakte Länge des Zyklus der Präzession.

Viermal sind diese Zeiten der Langen Zählung des Maya-Kalenders nicht auf die Präzession ausgerichtet, doch einmal alle 25.625 Jahre sind diese beiden Zyklen perfekt aufeinander abgestimmt, und genau das passiert am 21. und 22. Dezember 2012.

Jetzt wollen wir uns einmal die Zeit näher betrachten, um zu erkennen, wie sich dieses größere Bild ergibt und welche Rolle die Bewegung der Erde im Rahmen dieses größeren Ganzen spielt.

Zeit ist ein schwer greifbares menschliches Konzept. Nach einem Blick auf die Uhr sagen wir zum Beispiel: »Es ist gerade zwei Minuten nach halb fünf.« Dabei denken wir kaum daran, dass diese »Zeit« mit der Rotation der Erde in Zusammenhang steht, etwas sehr Realem und keineswegs eine im Kopf gemachte virtuell-digitale »Realität«.

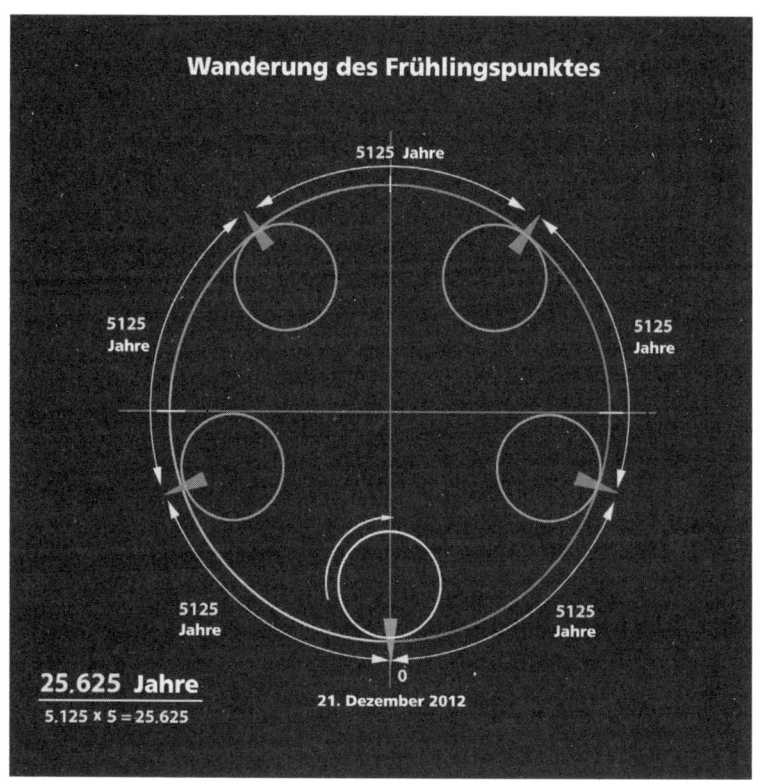

▶ Die fünf Zyklen der Langen Zählung

Wir betrachten den Sonnenaufgang oder -untergang und denken: »Die Sonne bewegt sich.« In Wirklichkeit ist das eine Illusion, die durch die Rotation der Erde erzeugt wird – dieselbe Bewegung, durch die die »Zeit« unseres Alltagslebens entsteht. Die Erde vollzieht eine komplette Umdrehung, die wir als einen Tag erleben; dieser Einzelzyklus ist in vierundzwanzig Teilabschnitte namens »Stunden« unterteilt. Natürlich weiß so gut wie jeder, dass ein Tag einer vollen Umdrehung der Erde entspricht.

Den zweiten uns wohlbekannten Erdzyklus bzw. ein weiteres »Rad« bildet die Reise der Erde um die Sonne. Ein solcher Zyklus entspricht einem Jahr mit 365,25 Tagen oder auch, wie manche Wissenschaftler meinen, 365,44 Tagen. Wir zählen also die Zeit nach der Bewegung der Erde relativ zur Sonne.

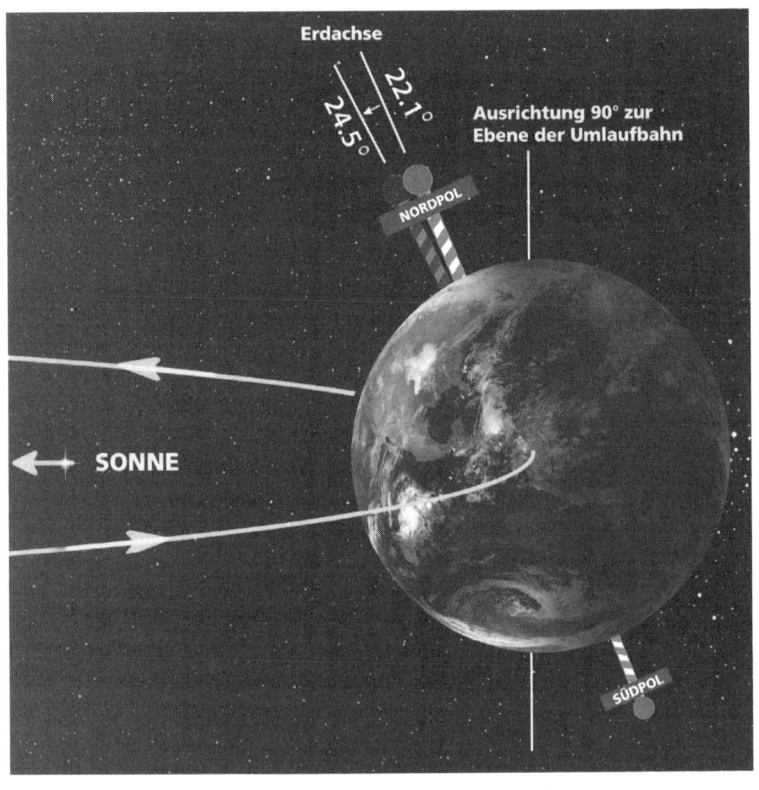

▶ Die Erdneigung

Doch es gibt noch weitere Bewegungen und Zyklen, sowohl innerhalb als auch in Verbindung mit der Erde, die von den Menschen auf der Erde weniger gut verstanden werden, obwohl sie sich durchaus auf unseren Alltag auswirken können, genauso wie die Stunden, die wir mit unseren Uhren messen.

Der Neigungswinkel der Erde gegen die Sonne hat beispielsweise enorme Auswirkungen auf jedes menschliche Lebewesen auf der Erde. Dieser Winkel beträgt derzeit etwa 23,5 Grad; sie ist für die Jahreszeiten – Frühling, Sommer, Herbst, Winter – auf der Erde verantwortlich.

Im Lauf einer etwa 42.000 Jahre dauernden Periode schwankt die tatsächliche Neigung der Erde zwischen 22,1 und 24,5 Grad – das ist eine wahrhaft lange Zeitspanne. Man kann sich kaum vorstellen, dass das irgendetwas mit unserem Alltag zu tun haben könnte, doch trotz dieses sehr langen Zyklus müssen Astronomen beim Erforschen des Universums mit ihren computerbestückten Teleskopen zum Beispiel diesen sich verändernden Winkel der Erdachse tagtäglich mit berücksichtigen, sonst betrachten sie nicht das, was sie zu sehen meinen, sondern irgendetwas ganz anderes!

Nicht einmal die Reise der Erde um die Sonne ist so einfach, wie es aussieht. Die Form der Erdbahn, »Exzentrizität« genannt, verändert sich ständig, von einem nahezu perfekten Kreis bis hin zu einer Ellipse (Abb. S. 48), und zwar hauptsächlich durch die Schwerkraft von Jupiter und Saturn. Auch dieser Zyklus verändert sich über sehr lange Zeiträume von etwa 100.000 Jahren hinweg. Interessanterweise wird dadurch die Dauer eines Jahres nicht verändert, der Weg der Erde um die Sonne in einer Kreis- bis hin zu einer Ellipsenbahn und zurück bleibt gleich.

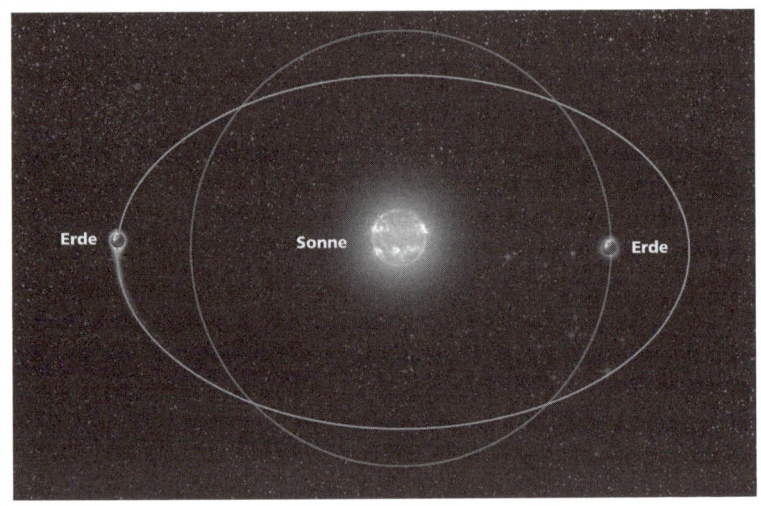

▶ Die Reise der Erde um die Sonne

Und dann gibt es da noch die Wanderung des Frühlingspunktes, die durch ein Taumeln der Erdachse wie bei einem Kreisel verursacht wird und hauptsächlich auf Sonne und Mond zurückzuführen ist, auch wenn noch weitere Himmelskörper hier eine Rolle spielen.

Viele Jahre lang war in Lehrbüchern zu lesen, die Präzession des Äquinoktiums betrage 25.920 Jahre. Doch im Jahr 2000 wurde auf Basis neuer Satellitendaten die Länge dieses Umlaufzyklus der Erdachse neu auf 25.771,5 Jahre berechnet – so lange dauert eine komplette Taumelbewegung der Erdachse.

Wie in der folgenden Grafik zu sehen ist, bewegt sich die Erdachse in einer Ellipse, die taumelt. Ein kompletter Zyklus dieser Taumelbewegung dauert gemäß derzeitigem Stand der Wissenschaft also 25.771,5 Jahre.

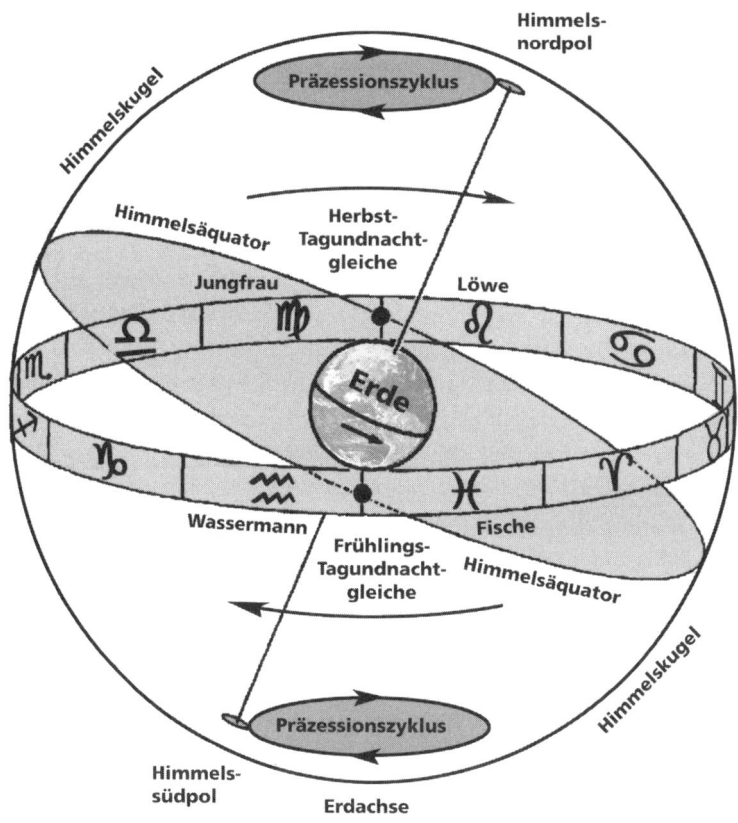

▶ Wanderung des Frühlingspunktes durch den Tierkreis

Die geschätzte Dauer dieses Platonischen Jahres wird mit der Zeit vielleicht noch exakter bestimmt; doch anscheinend besaßen die alten Maya verglichen mit der modernen Wissenschaft einen perfekteren Kalender, dem die Bewegungen der Himmelskörper zugrunde lagen.

Der Zyklus der Präzession der Erdachse verändert sich auch aufgrund der sogenannten Milankovitch-Zyklen; diese berücksichtigen alle Erdzyklen und alle weiteren Prozesse, die sich auf jene Erdzyklen auswirken. Wissenschaftlich wurden die Milankovitch-Zyklen hauptsächlich im Hinblick auf ihre Folgen für das Klima auf der Erde untersucht. Um das Erdklima zu studieren, muss man die Milankovitch-Zyklen genauso kennen wie die Sonnenzyklen.

Und natürlich gibt es auch noch die Umlaufbahn des Mondes, durch die die Gezeiten entstehen. Ebbe und Flut wechseln mit der Genauigkeit eines Uhrwerks – was die Milankovitch-Zyklen ebenfalls verändert. Die Mondzyklen beeinflussen die Emotionen der Menschen und Millionen biologischer Zyklen allen Lebens auf der Erde, beispielsweise den Menstruationszyklus der Frau. *Diese Zyklen sind der Schlüssel zu allem hier Gesagten und zu allen Prophezeiungen der Maya!*

Wir sehen also: Im Rahmen der Bewegungen unserer Erde gibt es viele Zyklen; die Präzession des Äquinoktiums ist nur einer davon, der wiederum alle anderen Zyklen beeinflusst.

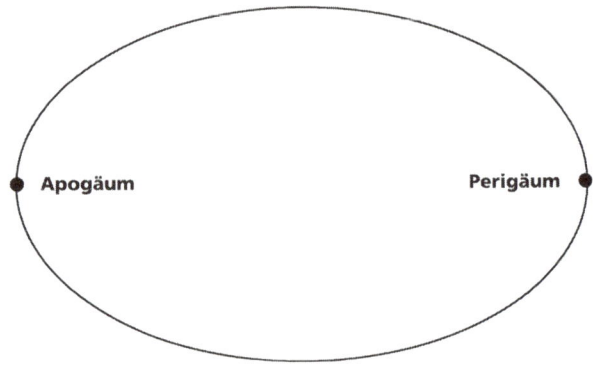

▶ Die Ellipsenbewegung der Erde; Apogäum und Perigäum

Auf einer Ellipse sind von ihrer Mitte zwei Punkte am weitesten entfernt: das sogenannte Apogäum (Erdferne) und Perigäum (Erdnähe). Sie werden für uns im Rahmen dieses Buches zunehmend wichtiger.

Im Lauf des Zyklus von 25.771,5 Jahren durchwandert die Erdachse darüber hinaus alle zwölf Zeichen des Zodiaks und weist auf dieser Reise gleichzeitig auf zwei verschiedene Tierkreiszeichen. In unserem Zusammenhang beginnt die Erdachse am 21. Dezember 2012, auf das Tierkreiszeichen des Wassermanns zu zeigen, und gemäß den Lehren der Alten Welt werden wir beginnen, unser Bewusstsein zu ändern.

Das Hunab-Ku der Maya

Wir haben uns mit einigen logischen Aspekten hinter den Bewegungen des Universums beschäftigt. Doch es gibt noch mehr, was wir oft übersehen, während es den Maya durchaus bekannt ist. Die von uns wahrgenommenen Veränderungen werden nicht nur von den »männlichen«, logischen Bewegungen der Himmelskörper verursacht; das zeitliche Auftreten von Ereignissen wird auch von etwas beeinflusst, das außerhalb der Wissenschaft angesiedelt ist, sozusagen der »weiblichen« Seite des Universums.

Etwa um die letzte Jahrhundertwende herum entdeckten Forscher eine Achse des gesamten Universums – nicht nur von unserer Galaxie, sondern buchstäblich von allem, was existiert. Unsere Erkenntnisse, wie diese Achse Zeitzyklen steuert, liegen noch ganz in den Anfängen. Wie außerdem entdeckt wurde, verändert sich die Lichtgeschwindigkeit, wenn Licht exakt parallel zu dieser Achse von »*allem*« ausgerichtet wird. Allmählich erkennen wir die Unterschiede, die durch diese Achse beeinflusst werden.

Jawohl, unsere großartige Wissenschaft hat diese Achse von »*allem*« gerade erst entdeckt, doch die Maya wussten schon immer davon; sie nennen sie »Hunab-Ku«. Es ist die Achse des Universums, aber auch das Muster, von dem alle anderen Muster abgeleitet werden, sozusagen die kosmische Saat, aus der alles hervorging.

Wichtig für uns ist dabei Folgendes: Die zeitlichen Abläufe von Ereignissen im Universum hängen nicht von den auf männlicher Logik basierenden Augenblicken in Raum und Zeit ab. Betrachten wir einmal eine Sonnenfinsternis: Wann dieses Ereignis geschieht, kann auf die Sekunde genau vorhergesagt werden; doch das, was es für die Menschheit bedeutet, findet unter Umständen nicht gleichzeitig statt, sondern kurz vor oder nach der Sonnenfinsternis, entsprechend dem »richtigen« Zeitpunkt, gemäß der weiblichen Natur des Universums, die nicht auf logischen Zusammenhängen, sondern auf Gefühlen beruht. Es gibt bei kosmischen Geschehnissen also immer ein Zeitfenster.

Das gilt auch für die Ausrichtung von Erde, Sonne und Zentrum der Galaxie. Diese Ausrichtung findet am 21. Dezember 2012 statt, doch die Frage ist: Wann wird die Menschheit die damit einhergehenden Veränderungen spüren?

Betrachten wir nun den 24. Oktober 2007, den Beginn vom Zeitfenster des *Endes der Zeit*. Was war an diesem Datum so besonders?

Die Hopi-Prophezeiungen und der Komet Holmes

Ein weiterer Indianerstamm in den Vereinigten Staaten, die Hopi, kam nach Ansicht der Forscher über die Bering-Straße aus Russland nach Alaska, wanderte die kanadische Küste hinunter und siedelte sich schließlich an ihrem heutigen Ort in Nordarizona an.

Laut Großvater Eric, Historiker des Stammes der Hopi und Mitglied des Hopi-Rates, kamen die Hopi allerdings nicht über Russland nach Arizona, sondern aus der entgegengesetzten Richtung, von Guatemala. Als sie Guatemala verließen, waren sie Maya, keine Hopi. Die Maya entsandten sie nach Norden – aus Gründen, die mit der Zeit zu tun haben, in der wir jetzt leben. Beide Stämme, Hopi wie Maya, bestätigten mir gegenüber, dass die Hopi ursprünglich Maya waren; ich saß bei ihnen, als sie die ganze Geschichte erzählten.

Großvater Eric ist das letzte noch lebende Mitglied des »Blue Bird«-Klans, der die Stammesgeschichte aufzeichnet. Im November 2007 fuhren wir beide mit dem Bus nach Guatemala; wir saßen nebeneinander und unterhielten uns; dabei fragte er mich, ob ich am 24. Oktober die blaue Scheibe am Himmel gesehen hätte.

Ich hatte sie nicht am Himmel gesehen, aber das Ereignis im Internet verfolgt. Ich erzählte ihm, meine Tochter Mia habe beobachtet, wie die Scheibe von Stunde zu Stunde größer wurde. Sie rief mich nach 1 Uhr morgens am 25. Oktober an, von hoch oben in den roten Bergen bei Sedona, wo der Nachthimmel dunkel und offen ist. Mias Worten zufolge war der Mond voll oder fast voll, und der Komet Holmes erschien ihr größer als der Mond. »Was für eine blaue Kugel war das, Papa?« fragte sie mich. Ich konnte nur sagen: »Ich habe keine Ahnung, Schatz. Ich habe nie zuvor etwas Ähnliches gesehen.«

Ein paar Stunden nach diesem kosmischen Ereignis überschlugen sich im Internet die Meldungen um den Helligkeitsausbruch des Kometen Holmes. Ich erzählte Großvater Eric von dem Foto im Internet, auf dem die ausgedehnte blaue Sphäre des Kometen mit der Größe der Sonne verglichen wurde; der Komet war geringfügig größer.

Ich dachte, Großvater Eric würde mir nun etwas über die Größe dieses kosmischen Ereignisses erzählen, aber er schaute mich an und fragte: »Könnte dies mit der Prophezeiung vom Blauen Stern zu tun haben, den unser Stamm vor über 200 Jahren vorhergesagt hat?«

▶ Der Komet Holmes in ausgedehntem Zustand

Ich lächelte und gab zurück: »Also wirklich, Eric, die Antwort auf diese Frage können nur die Hopi wissen.«

Wissenschaftliche Aufzeichnungen besagen jedoch: Kurz vor dem 24. Oktober 2007 trat ein Komet namens Holmes in unser Sonnensystem ein: ein sehr kleiner, sich schnell bewegender Komet. Niemand machte sich darüber große Gedanken, es war nichts Weltbewegendes.

Am 24. Oktober 2007 explodierte dieser Komet mit unglaublicher Wucht und zeigte sich sehr schnell am Himmel als eine riesige blaue Sphäre, die sich zunehmend ausbreitete und schließlich physisch die Größe der Sonne übertraf. Sie gilt als bislang größtes jemals gesichtetes Objekt in unserem Sonnensystem. Auf den Fotos ist der Komet Holmes in seinem ausgedehnten Zustand abgebildet, in dem er größer als die Sonne ist, und zwar nicht nur optisch, sondern real.

Komet Holmes Explosion   **Sonne**

▶ Foto des Kometen Holmes: blaue Sphäre und die Sonne Seite an Seite

Soweit ich verstanden habe, traf sich nach der Rückkehr von Großvater Eric ins Hopiland der Hopi-Rat zu einer Besprechung, um zu klären, ob diese blaue Sphäre tatsächlich der vor über 200 Jahren vorhergesagte Blaue Stern der Hopi-Prophezeiungen war. Ob die Hopi jemals öffentlich darüber reden werden, ist schwer zu sagen. Ich erlebte sie als geheimnisvolles Volk, das einen zutiefst heiligen Sinn und Zweck verfolgt und nur sagt, was gesagt werden muss.

Doch wie ich nach einem Gespräch mit den Maya glaube, sind die meisten von ihnen der Meinung, der Blaue Stern markiere den Beginn vom Zeitfenster des *Endes der Zeit*.

Und das war kein willkürliches Ereignis, sondern einer der wichtigsten uns bekannten Vorgänge, die sich jemals in unserem Sonnensystem zugetragen haben.

Es gibt einen zweiten Teil der Hopi-Prophezeiung, der besagt: Ein Roter Stern wird kommen, der das Ende des *Endes der Zeit* anzeigt. Darüber haben die Maya und die Hopi nicht mit mir gesprochen, aber in ein paar Büchern ist meines Wissens davon die Rede.

Die Astronomie beobachtet derzeit ein Phänomen, das der Rote Stern der Hopi sein könnte. Einer der vier Sterne, die den Gürtel des Orion umgeben, ist Beteigeuze, der gerade dabei ist, zu implodieren. Nach Meinung der Forscher wird er zu einer Supernova, sobald die Implosion zu Ende ist und es zu einer Explosion kommt. In diesem Fall werden wir die Explosion auf der Erde heftig zu spüren bekommen, und Beteigeuze wird zu einem riesigen roten Stern am Nachthimmel. Laut wissenschaftlicher Meinung ist die Chance dramatischer Folgen auf der Erde sehr hoch, da wir diesem Stern so nahe sind. Es könnte jederzeit passieren.

Die Prophezeiungen der Maya und der Polsprung der Erdachse

Bei seinem Besuch in Sedona, Arizona, im Juli 2007 beschrieb Don Alejandro eine der Maya-Prophezeiungen, allerdings nur einen Bruchteil eines ungeheuren Ereignisses. Was den 22. Dezember und die Zeit danach angeht, gibt es noch mehr zu sagen.

Gemäß der von Don Alejandro weitergegebenen Maya-Prophezeiung wird es innerhalb vom Zeitfenster des Zeitenendes zu einem *physischen Polsprung,* das heißt zu einer Verschiebung der Pole der Erdachse, kommen. Unabhängig davon, was am 21. Dezember 2012 passiert, werden wir also erst gegen Ende 2015 wissen, ob sich die Maya-Prophezeiung bewahrheitet hat.

Natürlich ist die Aussage, die physische Achse der Erde könnte sich verschieben, von sehr großer Tragweite, neu ist sie aber nicht. Edgar Cayce, der »schlafende Prophet« aus Amerika, hat eben dies bereits in den 1930er-Jahren vorhergesagt; er nannte sogar die exakte Position. Laut Cayce wird sich die Erdachse irgendwann nach dem Winter 1998 um etwa 16 Grad auf eine ganz bestimmte Stelle in Russland verlagern (Cayce machte zwischen 1920 und 1970 ungefähr 12.000 Prophezeiungen und irrte sich nur ein einziges Mal geringfügig). Wegen Edgar Cayce' Voraussagen wurde die Möglichkeit eines Polsprungs auch von vielen Wissenschaftlern untersucht.

Eine physische Verschiebung der Pole fängt immer mit einer magnetischen Polverschiebung an. Wie wissenschaftlich festgestellt wurde, hat die Stärke des Magnetfelds der Erde seit etwa 2000 Jahren abgenommen; vor ungefähr 500 Jahren kam es zu einer dramatischen Abschwächung. Vor etwa vierzig Jahren wurde das geomagnetische Feld der Erde so schwach, dass sich die seit sehr langer Zeit konstanten Magnetfeldlinien verschoben.

Aufgrund dieser Veränderungen strandeten Wale, die sich bei ihren Wanderungen an diesen Magnetfeldlinien orientieren – etwas noch nie Dagewesenes. Zum ersten Mal verlagerten sich manche Linien auf Landmassen. Solche Veränderungen der Feldlinien waren bislang nie beobachtet worden. Dann tauchten Vögel an Orten auf, die außerhalb ihrer Migrationsmuster lagen. Überall auf der Erde kam es zu Anomalien; Lebensformen reagierten nicht mehr auf ihre natürlichen Muster, weil sich das Magnetfeld so schnell veränderte.

In den 1990er-Jahren mussten weltweit die Luftfahrtkarten angepasst werden, weil die alten schlichtweg nicht mehr gültig waren. Auch heute sind die Magnetfeldlinien wieder so unzuverlässig. Wann immer ein Flugzeug abhebt oder landet, müssen entsprechende Magnetfeldkarten überprüft werden, um die korrekte Funktion seines Leitsystems zu gewährleisten.

Im Jahr 2003 wurde im Fernsehen die NOVA-Spezialsendung »Magnetic Storm« ausgestrahlt, in der Geophysiker aus aller Welt über die Möglichkeit einer Verlagerung der Magnetpole sprachen. Ihrer Meinung nach würde dieser Polsprung schon bald passieren, aber eine genaue Zeitangabe konnten sie nicht machen. Für sie waren die Vorgänge auf der Antarktis besorgniserregend: Am Südpol bildeten sich riesige Löcher, wo die Magnetlinien aus der Erde austraten, sich nach einer gewissen Entfernung umkehrten und in die Erde zurückliefen; dadurch wurde das irdische Magnetfeld weiter geschwächt.

Hier ein paar Zitate der Geophysiker, die in dieser Fernsehsendung dabei waren. Peter Olson (Johns Hopkins University) sagte: »Das Magnetfeld der Erde hat uns seit Äonen (vor Sonnenstürmen) geschützt, und jetzt scheint es zu verschwinden.« John Shaw (University of Liverpool): »Das Magnetfeld der Erde wird schnell zunehmend schwächer.« Jeremy Bloxham (Harvard University): »Die Frage ist nicht, ob das passiert (der Rückgang des Magnetfeldes auf Null), sondern wann es passiert.«

Das nachstehende Bild zeigt eine derzeit wissenschaftlich akzeptierte Darstellung der geomagnetischen Pole der Erde. Die Magnetfeldlinien treten am Südpol aus der Erde aus, bewegen sich dann außen um die Erde herum bis zum Nordpol, wo sie wieder in die Erde eintreten, am Südpol erneut herauskommen und zurück zum Nordpol verlaufen.

Und für die »Wissenschaftler« unter Ihnen: Jawohl, der physische (geografische) Nordpol entspricht dem geomagnetischen Südpol und umgekehrt, aber wir wollten hier nicht für Verwirrung sorgen.

Die Stärke des geomagnetischen Felds der Erde nimmt inzwischen noch schneller ab. In der Antarktis bilden sich Löcher im Feld: Dort treten die Feldlinien zwar aus, kehren dann aber um und treten an eben diesem Loch wieder in die Erde ein. Wenn das so weitergeht, verschwindet das geomagnetische Feld irgendwann in der Erde, und das Magnetfeld ist so gut wie nicht mehr vorhanden.

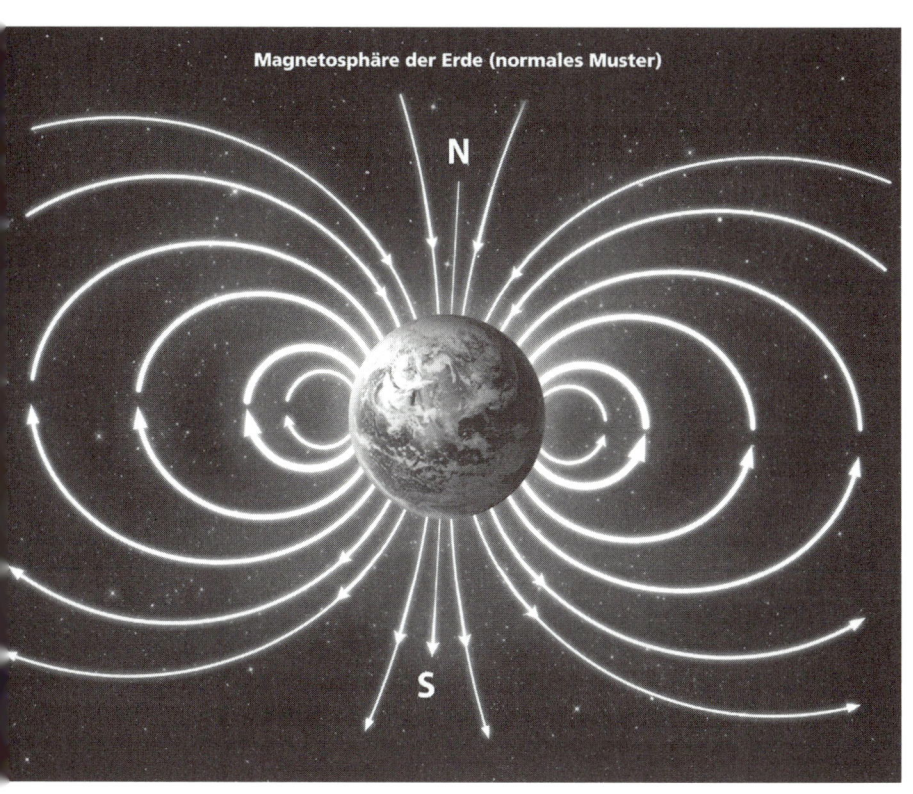

▶ Die geomagnetischen Pole der Erde

Jene Wissenschaftler waren offensichtlich sehr besorgt, und auch Sie sollten sich Gedanken machen, wenn Sie erst einmal verstehen, was das für Sie bedeuten könnte.

Um das Jahr 2009 herum veröffentlichten Forscher, darunter viele Teilnehmer der NOVA-Sendung, eine Warnung im Internet. Es dauerte genau elf Tage, dann wurden ihre Seiten von der Regierung offline geschaltet, aus Angst vor einer allgemeinen Panik. Laut Aussagen dieser Wissenschaftler weist das Magnetfeld der Erde so viele Anomalien

▶ Die Magnetfeldlinien des Südpols

auf, dass sich das geomagnetische Feld der Erde innerhalb von fünfundzwanzig Jahren nicht nur verschieben, sondern sogar die Polarität umkehren könnte; das heißt, der geomagnetische Nordpol würde zum Südpol und umgekehrt.

Im Jahr 2011 veröffentlichten dieselben Wissenschaftler im Internet eine noch eindringlichere Warnung: Die Anomalien hatten so zugenommen, dass sie praktisch jede Minute eine Polumkehr befürchteten. Diesmal dauerte es nur fünf Tage, bis die Regierung sie mundtot machte.

Nach heutigem Stand der Wissenschaft kam es vor nicht ganz 13.000 Jahren zu einem physischen Polwechsel, der zeitlich mit dem anderen Ende der Präzession der Erde zusammenfiel.

Weiterhin besagt eine wissenschaftliche Meinung, die Hudson Bay sei vor diesem Polsprung der physische Nordpol gewesen und vor etwa 25.625 Jahren, also genau zu dem Zeitpunkt, an dem auch wir uns jetzt in der Präzession befinden, sei es ein zweites Mal zu einem Polsprung gekommen.

Und damit nicht genug: Forscher glauben außerdem, dass eine Verschiebung der physischen Erdachse gerade einmal zwanzig Stunden dauert, also nicht einmal einen Tag. Stellen Sie sich vor, Sie wachen eines Morgens auf, und innerhalb eines einzigen Tages hat sich Ihre Welt von Grund auf verändert. Zum Vergleich: Die Maya gehen von ungefähr dreißig Stunden aus.

Als ich mich 2007 in Guatemala mit den Maya traf, meinten auch sie, dass sich in den letzten 26.000 Jahren zweimal ein Polsprung auf der Erde vollzogen habe. Sie haben die Erinnerung daran in ihrem Herzen und anderweitig im Geheimen bewahrt. Die Maya erinnern sich, was damals passierte und wie die Menschen auf die rasanten Veränderungen reagierten. Deshalb wollen sie uns helfen. Sie fühlen, dass wir eins mit ihnen sind.

Im Folgenden möchte ich auf ein weiteres Thema eingehen, um das oben Gesagte näher zu erläutern. Danach wird nochmals vom geomagnetischen Feld der Erde die Rede sein.

Die Schumann-Resonanzen
und die Informationen über den Polsprung

Das soeben Ausgeführte ist meiner Meinung nach wahr; doch vor ein paar Jahren geschah etwas sehr Enttäuschendes. Anscheinend beschlossen ein paar Regierungen, die Bekanntgabe dieser Informationen zu unterbinden. Sie versuchen, die Leute ruhig zu halten – was verständlich ist. Ich erzähle Ihnen jetzt meine Geschichte, dann können Sie selbst entscheiden.

Als Schumann-Resonanz (SR) bezeichnet man die Grundschwingung einer stehenden Welle, die in dem Raum zwischen der Oberfläche der Erde und der Ionosphäre über der Erde gebildet wird. Diese Frequenzen entstehen durch die Summe aller Blitze, die auf der Erde in jedem Moment einschlagen. Seit sehr Langem war die Schumann-Resonanz stabil bei einer Grundfrequenz von 7,86 Hz – so stabil, dass die US-amerikanische Armee mit ihrer Hilfe sogar ihre Instrumente geeicht hat.

Anfang der 1990er-Jahre widmete ich mich dem Studium dieser Erdenergie, ebenso wie Gregg Braden. Als er damit begann, war ich gerade so beschäftigt, dass ich einfach abwartete, um zu sehen, was er herausfinden würde. Wie wir beide feststellten, schien die Grundschwingung anzusteigen. Gregg sammelte Daten aus zwei oder drei amerikanischen Universitäten und fand unter den schriftlichen Aufzeichnungen von mindestens zwei dieser Universitäten stichhaltige Beweise für einen Anstieg auf 9,6 Hz.

Mitte der 1990er-Jahre bestätigten sowohl Greggs als auch meine Untersuchungen, dass Deutschland und Russland die Schumann-Resonanz ebenfalls bei ungefähr 9,6 Hz ansetzten. Über die Konsequenzen für das Leben auf der Erde wurden allerdings immer noch viele Spekulationen angestellt. Dazu muss man wissen, dass diese Schwingung von vielen Menschen für den Atem der Erde gehalten wird.

Dann schrieb Gregg über die Schumann-Resonanzen und seine Überzeugung, sie würden der Fibonacci-Zahlenreihe folgen und bis auf eine Frequenz von ca. 13 Hz ansteigen. Gregg setzte diese Entwicklung außerdem in Bezug zum Anstieg des menschlichen Bewusstseins auf die nächste Ebene. Zu diesem Zeitpunkt begann die US-Regierung, die Aufzeichnungen zu ändern. Ganz offensichtlich sollte Gregg über diese Dinge nicht berichten.

Ganz plötzlich, von einem Tag auf den anderen, waren die Aufzeichnungen in Universitäten in ganz USA dahingehend abgeändert worden, dass die Schumann-Resonanz keine Veränderungen aufwies, sondern schon immer bei 7,86 Hz lag. Gregg und ich sprachen über das Thema, aber was kann man schon machen, wenn dergleichen passiert?

In meinen Gesprächen mit Mitgliedern der Russischen Akademie der Wissenschaften in Moskau wurde die Grundfrequenz der Schumann-Resonanz bei derzeit knapp unter 13 Hz angesetzt, genau wie Gregg Braden vorhergesagt hatte.

Inzwischen hat sich herausgestellt: Nicht nur Informationen über die Schumann-Resonanzen wurden an amerikanischen Universitäten abgeändert, sondern auch Informationen über physische Polsprünge in der Vergangenheit. Es fiel mir schwer, zu verstehen, warum die Regierung keinen Meinungsaustausch über die Schumann-Resonanzen aufkommen lassen wollte, aber ich begreife durchaus, warum sie die Veröffentlichung von Informationen über den physischen Polsprung der Erde verhindern will. Wenn diese Polverschiebung tatsächlich stattfindet, würde die Regierung dies als allerletzte zugeben – schließlich muss sie die Stabilität aufrechterhalten. Doch wir müssen darüber Bescheid wissen, wenn wir überleben wollen.

Seit Langem ist bekannt, dass sich die Erdachse im Lauf der letzten 400 Millionen Jahre Hunderte Male verschoben hat. Das ist etwas ganz Natürliches und passiert ständig. Nicht diese Informationen sollen geheim bleiben, sondern nur das Wissen über die letzten beiden Polsprünge, die einen baldigen erneuten Polsprung so stark nahelegen.

Denn Polsprünge geschehen in Schwärmen. Eine ganze Zeitlang erfolgen keinerlei Polverschiebungen, und dann passiert es. Doch nur selten erfolgt bloß ein einziger Polsprung, sondern meistens viele nacheinander. Und da bereits zwei erfolgt sind, könnte man davon ausgehen, dass genau zu diesem Zeitpunkt in den Zyklen ein weiterer geschehen könnte.

Nach Meinung der Maya gab es in den letzten 26.000 Jahren zwei Polverschiebungen, und uns steht ein weiterer innerhalb vom Zeitfenster des *Endes der Zeit* bevor. Bei meinen letzten Nachforschungen wurde dies auch wissenschaftlich untermauert, doch mittlerweile gibt es keine solchen wissenschaftlichen Belege mehr. Inzwischen wird von den Forschern behauptet, der letzte Polsprung habe vor fast 780.000 Jahren stattgefunden. Ist unserer Regierung jedes Mittel recht, um die Wahrheit zu verbergen? Wenn Sie sich selbst ein Bild davon machen möchten, müssen Sie sich an alte Unterlagen aus der Zeit vor 1994 halten – falls Sie welche finden.

Zurück zum geomagnetischen Feld der Erde

Die Forscher haben noch mehr herausgefunden: Unmittelbar vor dem physischen Polsprung findet ein magnetischer Polsprung statt, woraufhin das geomagnetische Feld für eine Weile vollständig zusammenbricht und es keinen Nord- oder Südpol mehr gibt, bis sich schließlich ein neues Magnetfeld aufbaut. So wie ich das verstehe, dauert dies etwa zwei bis vier Wochen. Für uns moderne Menschen, die ein solches

Geschehen niemals als Zeitzeugen verfolgt haben, ist das lediglich eine Theorie, nicht jedoch für die alten Maya.

Über die Möglichkeit einer Verlagerung der Erdachse haben sich die Wissenschaftler schon immer Gedanken gemacht. Mathematisch ist es fast unmöglich. Die Erde ist ein riesiger »Kreisel« mit einer ungeheuren Masse; eine Verschiebung ihrer Achse würde Riesenmengen Energie erfordern. Es gibt nur sehr wenige Szenarien, wie das passieren könnte – der Mond müsste mit der Erde zusammenstoßen, um die Erdachse an eine andere Stelle zu versetzen. Und doch wissen wir: Es ist möglich, denn es ist in der Vergangenheit schon Hunderte Male passiert. Achsenverschiebungen sind ein natürliches, aber auch mysteriöses Phänomen – bis vor Kurzem.

Gegen Ende des letzten Jahrhunderts wurde von einem Forscher eine Theorie aufgestellt, die, wie inzwischen von mindestens zwei Universitäten nachgewiesen wurde, durchaus möglich ist. So etwas kann man sich nicht einfach ausdenken, vielmehr muss man sich umfassend mit dem Inneren der Erde auskennen. Derzeit, im Jahr 2012, ist es die *einzige* existierende Theorie, die wirklich erklärt, wie sich die Erdachse ständig verlagern kann. Sie wurde inzwischen von den meisten Wissenschaftlern als wahrscheinlichste Möglichkeit der Achsenverschiebung akzeptiert.

Die Erde hat eine etwa fünf bis dreißig Kilometer dicke Kruste. Relativ betrachtet ist das ganz ähnlich wie eine Eierschale. Unter dieser Kruste befindet sich der obere Erdmantel, eine zwischen 100 und 200 Kilometer dicke Gratschicht aus festem Gestein, die die Erdkruste trägt und mit dem Rest der Erde verbindet.

Doch wie wissenschaftliche Experimente an mehreren Universitäten gezeigt haben, besteht dieser obere Erdmantel nur so lange aus festem Material, wie das geomagnetische Feld existiert. Bräche es zusammen und wäre gleich Null, würde sich der obere Erdmantel nach zwei bis drei Wochen in eine flüssigkeitsähnliche, ölartige Substanz verwandeln.

Wenn das passiert, wird die Erdkruste vom oberen Erdmantel gelöst und könnte sich frei auf der Oberfläche dieser flüssigkeitsähnlichen Substanz bewegen. Und dann ist zur Verschiebung der Erdoberfläche oder Erdkruste nur noch ein Bruchteil der Energie nötig, die für die Verschiebung der gesamten Erdmasse erforderlich wäre. Das wäre allerdings immer noch eine Riesenmenge Energie. Woher kommt sie?

Laut wissenschaftlichen Aufzeichnungen befindet sich das am Südpol gebildete Eis nicht mittig zur Erdachse. Diese gewaltige Eisanhäufung ist etwa drei Kilometer hoch. Würde all dieses Eis ins Meer abschmelzen, wäre ein Anstieg des Meeresspiegels um circa 80 Meter die Folge. Wenn der gesamte Nord- und Südpol abschmelzen würden, würden die Meere um ungefähr 90 Meter ansteigen, also nur 10 Meter mehr. Sie sehen also: Die größte über Wasser befindliche Eismasse befindet sich in der Antarktis.

Theorien zufolge würde sich dieses in Schieflage befindliche Eismassiv im Falle einer frei beweglichen Erdkruste zur Mitte der Achse verschieben und damit die Erdkruste in eine neue Position zwingen. Wir Menschen würden das als physischen Polsprung erleben; dadurch würde sich unsere jeweilige Position in Bezug zum Äquator an einen anderen Ort auf der Erdoberfläche verlagern.

Das wäre also kein echter Polsprung, denn fast die gesamte physische Erdmasse würde auch weiterhin um denselben Pol rotieren und der Erdkreisel würde davon kaum betroffen. In Bezug auf den Kosmos befänden wir Menschen uns allerdings an einem anderen Platz.

Genau das ist erstaunlicherweise schon so oft in der Vergangenheit passiert, und wenn Edgar Cayce und die Maya mit ihren Prophezeiungen recht haben, wird es in naher Zukunft hier auf der Erde wieder passieren.

Gemäß den Vorhersagen von Edgar Cayce verschiebt sich der neue Erdpol um etwa 16 Grad nach Russland hinein (genauer gesagt: Sibirien); mathematisch wurden 17 Grad errechnet, also fast dieselbe Position. Diese wissenschaftliche Prognose basiert komplett auf der Verschiebung einer frei beweglichen Erdkruste durch die Eismasse am Südpol. Ob das stimmt, wissen wir nicht, denn niemand hat das jemals erlebt – zumindest keiner von uns modernen Menschen. Eventuell haben Sie die Möglichkeit, es in diesem Leben zu erfahren.

Laut Don Alejandro starben beim letzten Polsprung Millionen Menschen, einfach weil sie das Geschehene nicht begriffen. Hätten sie die Situation verstanden, wäre es ihnen möglich gewesen, diese Erfahrung ganz einfach in eine Erfahrung der Stärke, Gnade und Schönheit zu transformieren.

Doch Don Alejandro sagt auch: Falls die Menschen nicht verstehen, was passiert, und in Angst verfallen, könnten sie leicht sterben. Deshalb möchte er mit Ihnen darüber sprechen. Wie er sagt, starben in jener Zeit viele Menschen aus Angst; doch wenn wir uns keine Sorgen machen, einfach ruhig und entspannt bleiben, kommt alles, auch das Sehvermögen, zurück; alles geht wieder seinen normalen Gang. Auch das möchten uns die Maya vermitteln: Wir sollten während dieser Veränderungen keine Angst haben. Es gibt nichts, wovor wir uns fürchten müssten.

Auch Don Alejandro spricht von dreißig Stunden Dunkelheit, wenn der Polsprung stattfindet. Manche Leute, auch ich, erzählen von drei Tagen. Die Maya sagen: »Nein, es sind nicht drei Tage, es sind dreißig Stunden.« Alles wird schwarz, nicht einmal die Sterne sind des Nachts zu sehen. Anders ausgedrückt: Wir werden blind, und da unser Gehirn und unser Sehvermögen physiologisch so eng mit dem Magnetfeld verbunden sind, scheint das durchaus möglich zu sein.

Nach dem Polsprung befindet sich Ihre Position auf der Erdoberfläche in Bezug zum Äquator wahrscheinlich ganz woanders als vorher. Wahrscheinlich leben Sie dann an einem neuen und ganz anderen Platz auf der Erde, und das müssen Sie sofort entsprechend abschätzen. Sie müssen herausfinden, wo Sie sind, sonst könnten Sie schon allein aufgrund extremer Hitze oder Kälte sterben. Auch das möchten die Maya uns zur Kenntnis bringen.

Wichtig dabei ist zu wissen: Dies ist nur der Anfang der Maya-Prophezeiungen – der »Weltuntergangs«-Teil. Doch etwas anderes ist viel wichtiger: Wie können wir verstehen, wie wir während eines physischen Polsprungs und unmittelbar danach *sein* können? Das einfache Geheimnis lautet: Leben Sie gemäß dem nun folgenden Rat der Maya, und Sie werden die Unsterblichkeit kennenlernen.

3. Kapitel

Das Herz der Maya

Die Tiefe des Herzens der Maya kann man in Worten ausdrücken, aber man muss es erleben und erfahren, um es zu verstehen und seine Bedeutung zu erkennen. Worte kommen aus dem Gehirn, doch das, woran wir uns erinnern müssen, hat nichts mit dem Gehirn zu tun, sondern mit dem menschlichen Herzen.

Ich werde dennoch mit Worten arbeiten, denn das ist alles, was wir im Moment haben. Ich könnte sagen, im Herzen gibt es einen heiligen Raum, wo Schöpfung stattfindet, und wenn wir in diesem heiligen Raum leben, verändert sich unsere Beziehung zu allem in der Natur und im Universum.

Das Gehirn hat ein Ego, das sich selbst als getrennt von der Realität und gleichzeitig als wichtigsten Teil der Realität betrachtet. Doch im menschlichen Herzen sind wir nicht von der Realität getrennt; vielmehr werden wir eins damit. Es gibt keine Trennung, alle Teile sind gleichwertig. Die Maya sprechen ständig darüber, dass kein Mensch größer ist als ein anderer. Wir sind alle gleich und gleichwertig.

Worte können beschreiben, worüber wir reden, aber um diesen anderen Weg wirklich zu »schmecken«, müssen wir in den heiligen Raum im Herzen eintreten, diese uralte Schwingung spüren und eins mit ihr werden. Durch Worte bin ich begrenzt, deshalb kann ich nichts anderes tun, als meine Worte sorgfältig und weise zu wählen.

Guatemala

Die beste Möglichkeit, Ihnen das Herz der Maya nahezubringen, ist vielleicht die Geschichte, die sie mir erzählten, damit ich sie Ihnen weiterreiche. Nutzen Sie Ihre innere Sicht und Ihre Sinne, wenn Sie den Dschungel von Guatemala betreten. Denken Sie an Ihre enge Verbindung zu Gott. Lesen Sie diese Geschichte mit den Augen eines Kindes, dann ist die Chance höher, sich daran zu erinnern, wer Sie wirklich sind.

Im Juni 2007 schickte ich das Manuskript meines Buches »Schlange des Lichts« an meinen Verleger. Darin ist unter anderem viel von der Bewegung der Erd-Kundalini und den heiligen Zeremonien der Maya und anderer Stämme die Rede. Es geht darum, wie die inneren Energien der Erde verändert wurden.

Wie bereits erwähnt, kam Don Alejandro im Juli 2007 nach Sedona. Er sprach öffentlich über den bevorstehenden physischen Polsprung der Erde sowie darüber, wie die spanischen Eroberer fast sämtliche Artefakte und Aufzeichnungen der Maya zerstört hatten und die Maya daraufhin fast ihr gesamtes Wissen, ihre Prophezeiungen und Weisheit verloren. Don Alejandro sprach auch von geheimen Dokumenten, die vor den Eroberern versteckt worden waren. Wie er sagte, ist die Zeit gekommen, dieses alte Wissen zum Leben zu erwecken. Gemäß den Maya-Prophezeiungen, so Alejandro, mussten die Maya mit dem Wiederaufbau ihres Wissens, ihrer Erfahrungen, ihrer Weisheit und ihrer Erinnerungen beginnen – dies sei der Zeitpunkt, an dem damit begonnen werden müsse, und »die Welt werde dabei zuschauen«.

Am nächsten Tag traf ich mich mit Don Alejandro. Er erzählte mir, schon bald werde die Welt entsprechend dem Maya-Kalender in das Zeitfenster des *Endes der Zeit* eintreten. Es müssten bestimmte vorbereitende Zeremonien durchgeführt werden, und zwar zu ganz bestimmten

Zeiten, die im Maya-Kalender entsprechend markiert seien. Das war ungefähr drei Monate, bevor die blaue Kugel des Kometen Holmes am Nachthimmel erschien.

Laut Don Alejandro war dem Maya-Ältestenrat von Guatemala klar, dass »die Welt zuschauen werde«. Damit bezog er sich auf Leute, die aus allen möglichen Ländern und von allen Kontinenten anreisten und die Welt vertreten würden. Er bat mich, diese Menschen zu finden, und zwar genau sechzig, und sie an einem bestimmten Tag im November 2007 in Guatemala City zu versammeln.

Von dort aus wollten Don Alejandro und der Maya-Ältestenrat von Guatemala sie in den Dschungel von Guatemala führen, wo sie zuschauen sollten, wie der Maya-Rat sein Wissen zusammenführte und mit dieser Gruppe aus aller Welt Zeremonien durchführte.

Das war eine leichte Aufgabe für mich. Ich führte sechzig Telefonate, und das war's. Die »Weltbotschafter« kamen aus dreiundzwanzig Ländern und fünf Kontinenten. Zu den Eingeladenen gehörten Großvater Eric vom Stamm der Hopi und drei Stammesälteste aus der Sierra Nevada in Kolumbien: ein Kogi Mamos, ein Arhuaco Mamos und sein Bruder, ein ganz normaler Arhuaco. Die Kogi und Arhuaco sind wegen der weit zurückliegenden Vergangenheit von Bedeutung. Wie Don Alejandro mir erzählte, stammten die Maya ursprünglich aus Atlantis, ebenso wie die Kogi und Arhuaco. Das wusste ich schon seit Jahren, aber es von Don Alejandro zu hören, schenkte mir noch einmal eine kraftvolle Bestätigung.

Zur Klarstellung möchte ich hinzufügen: Außer den Kogi und Arhuaco gibt es zwei weitere Stämme, die auf demselben Gebirgszug leben: die Wiwa und die Kankuamo. Auch sie stammen aus Atlantis, wollen aber nicht Teil der Energie sein, die jetzt in die Welt hinausgehen muss. Wir werden kurz auf Atlantis eingehen, um zu verstehen, warum diese drei Stämme – die Hopi, die Kogi und die Arhuaco – zu diesem Zeitpunkt der Geschichte so wichtig sind.

Atlantis

Das Symbol für Atlantis war in der Form der Hauptstadt Poseidon: drei Ringe – ein Ring innerhalb des nächsten. Der äußere Ring stand für die gewöhnlichen Bewohner von Atlantis, der mittlere Ring stellte die Priesterschaft dar – sie wurden die Maya genannt, also genau derselbe Name, den sie auch heute noch tragen. Die Priester fungierten als Brücke zwischen den Menschen und dem Bewusstsein des innersten Rings in der Mitte – den Nakkal (manchmal auch Naccal geschrieben).

Die Nakkal waren die »Besonderen«, die direkt aus der Quelle aller Schöpfung sprachen, die im Herzen eines jeden Menschen zu finden ist. Jeder von uns hat in seinem physischen Herzen einen Platz, der den heiligsten Raum des Universums darstellt. Dieser Platz ist die Quelle alles Physischen und Nichtphysischen im Universum, auch des menschlichen Körpers. Sie kann nur aus dem Herzen heraus erkannt werden.

Dieser heilige Raum des Herzens ist ein rein weibliches Zentrum mit dem Bild des Uterus und der höchsten Quelle aller Schöpfung. Wir meinen, nur Babys können aus dem Uterus geboren werden, doch wenn die weibliche Gebärmutter mit dem heiligen Raum des Herzen verbunden ist, ist alles möglich. Sogar Objekte wie Planeten und Sterne können daraus geschaffen werden und hervorgehen.

Gemäß den Lehren der Nakkal entstand alle Schöpfung aus der Vereinigung von Gegensätzen – männlich und weiblich, Makrokosmos und Mikrokosmos. Während des Orgasmus, wenn sich der weibliche Uterus unmittelbar mit dem heiligen träumenden Herzen der Frau verbindet, wird Schöpfung manifest.

Die Nakkal waren in jeder Hinsicht wie die Maya, mit einer Ausnahme: Sie lebten und atmeten aus dem Herzen heraus und standen in direkter Verbindung mit dem Herzen von Mutter Erde, dem Herzen von Vater Sonne und dem Herzen des Universums. Sie lebten in

Die atlantische Stadt Poseidon

▶ Die drei Ringe

besonderen Räumen im Inneren atlantischer Pyramiden in völliger Dunkelheit. Dank ihrer biologischen Leuchtkraft strahlten sie in dieser Dunkelheit und schwebten ein paar Zentimeter über dem Boden. Ihre menschlichen Körper waren nicht mehr an die Schwerkraft gebunden, und in diesem Bewusstseinszustand hielten sie das Gleichgewicht und die Harmonie der Welt aufrecht.

Das alles funktionierte wunderbar, bis die Menschen von Atlantis starke Energiequellen missbrauchten und dadurch die Stabilität zwischen der dritten und vierten Dimension der Erde veränderten – was allerdings letztlich zu einem Wunder führte, das im 21. Jahrhundert geschieht, und nicht zu einer Katastrophe, wie wir noch erfahren werden.

Wir sehen also, warum die heute lebenden Maya, die durch ihre DNA mit der uralten Vergangenheit von Atlantis verbunden sind, über ihre DNA auch mit den anderen aus Atlantis kommenden Stämmen in Verbindung stehen. Diese Urvölker sind die Hopi von Arizona, die Kogi Mamos, die Arhuaco Mamos, die Wiwa Mamos und die Kankuamo Mamos; eventuell gibt es auch noch mehr. Diese fünf Stämme haben eine direkte Verbindung zu den Maya und erkennen dies auch an. Die vier Stämme aus der Sierra Nevada von Kolumbien sind Nachkommen der Nakkal.

Es gibt einen weiteren Stamm: die Tibeter. Sie verließen Atlantis etwa 200 Jahre, bevor es im Meer versank, und gelangten ins heutige Tibet. Sie tragen ebenfalls die Blutlinie der Nakkal und können das auch bestätigen.

Als Atlantis vor etwa 13.000 Jahren aufgrund des erwähnten physischen Polsprungs unterging, sprangen die Maya in ihre Boote und ruderten nach Yucatan, nicht weit entfernt vom südwestlichen Gebiet von Atlantis. Die überlebenden Nakkal ruderten mit ihren Booten dorthin, wo sich heute Santa Marta, Kolumbien, befindet. Diese ganzen Stämme erinnern sich daran, was passiert ist, und zwar nicht nur an das Ende von Atlantis vor 13.000 Jahren; ihre Erinnerungen reichen 26.000 Jahre und sogar noch viel weiter zurück.

Bei den 2007 in Guatemala abgehaltenen Zeremonien waren seit dem Untergang von Atlantis zum ersten Mal all diese Stämme zu einer gemeinsamen Zeremonie versammelt. Laut Großvater Eric war er der erste Hopi, der wieder nach Guatemala zurückkehrte, nachdem der Stamm vor Tausenden von Jahren Guatemala verlassen hatte und nach Norden, in das Gebiet der Four Corners aufgebrochen war (also in die Gegend, wo die vier US-Bundesstaaten Utah, Colorado, New Mexico und Arizona aufeinandertreffen). Ein historisches Ereignis.

Die 13.000-Jahre-Zeremonie in Guatemala

Frauen und Männer aus aller Welt kamen in Guatemala City zusammen, um gemeinsam an der geheimen heiligen Zeremonie für die Erweckung der Erde teilzunehmen. Unsere kleine Gruppe der Weltbotschafter bestand aus genau sechzig Leuten, hinzu kamen ein paar Leute, die mithalfen, Mutter Erde durch diesen Übergang zu geleiten.

Als wir am Attila-See, einem der heiligsten Seen der Maya, ankamen, wurde unsere Gruppe von fünfundzwanzig Mitgliedern des Rates der 440 Ältesten empfangen; sie waren auserwählt worden, mit dem Erinnern des Wissens anzufangen.

Die Maya erinnern sich an ihr uraltes Wissen nicht nur über das Gehirn. Wir werden bald die Zeremonie der »Dreizehn Kristallschädel« vorstellen, eine völlig andere Art, alte Erinnerungen zurückzurufen.

Die Gruppe der Weltbotschafter setzte sich in einem Halbkreis um die fünfundzwanzig Maya-Ältesten, die daraufhin das Maya-Bildzeichen für die Zahl Null entzifferten, als hätten sie es nie zuvor gesehen. Nach ungefähr eineinhalb Stunden waren sie mit der Zahl Null fertig und machten mit der Hieroglyphe für die Zahl Eins weiter, dann kam die Zahl Zwei. Einen halben Tag lang waren wir Zeugen dieses Geschehens, dann war unser Teil der Aufgabe beendet.

Die Welt sah zu, wie die Maya damit begannen, ihr altes Wissen neu zu erschaffen. Die Prophezeiung hatte sich erfüllt.

▶ Die Maya-Hieroglyphen für die Zahlen 0, 1 und 2

Die Zeremonie am Attila-See

Am nächsten Morgen brachte uns der Ältestenrat der Maya mit dem Boot auf die andere Seite des Attila-Sees, zu einer heiligen Zeremonienstätte der Maya, wo eine alte Feuerzeremonie abgehalten werden sollte. Die Bootsfahrt werden wohl alle Teilnehmer nie vergessen. Ein hoher Vulkan direkt am Seeufer gab mir das beunruhigende Gefühl, er könne jeden Moment ausbrechen. Schwarzer Rauch quoll aus dem Berg hervor. Kein Wunder, dass die Maya hier eine Feuerzeremonie abhalten wollten!

Wir kamen zu einer abgelegenen Bucht, mit dem Klang der endlos ans Ufer plätschernden Wellen im Ohr und dem tiefblauen Himmel über uns. Don Alejandro stellte die verschiedenen Gruppen in einem Kreis auf; nach stundenlanger Vorbereitung der einzelnen Phasen der Zeremonie schuf er in beinahe lautloser Stille ein schönes geometrisches Muster aus Steinen, Kräutern, Kerzen und anderen heiligen Objekten. Jetzt war es so weit – das Feuer konnte die Zeremonie eröffnen.

Normalerweise lassen die Stämme nicht zu, dass solche heiligen Handlungen fotografiert, geschweige denn gefilmt werden. Doch an diesem Tag wurden die Schleier gelüftet. Wir durften die Ältesten filmen, während sie die geometrischen Bilder auf dem Boden erstellten. Sie nannten uns die Bedeutung jedes einzelnen Krauts und jeder Kerze, die sie in das heilige Gebinde einfügten. Wie Don Alejandro sagte, hatte diese Zeremonie seit fast 13.000 Jahren nicht mehr stattgefunden.

Die Hopi, die Kogi Mamos, die Arhuaco Mamos, die Mitglieder des Maya-Rates von Guatemala, Don Alejandro und unsere bescheidene Gruppe aus aller Welt neigten den Kopf im Gebet, als die ersten Flammen in den offenen Himmel emporflackerten.

Wir, die wir hier versammelt waren, kamen aus aller Welt, aus vielen unterschiedlichen Traditionen und Kulturen, doch wir alle gingen in unser Herz und kamen im Gebet mit *einer* Stimme und *einem* Herzen daraus hervor. Wir beteten für Mutter Erde und ihre Kinder, in dem Wissen, dass die Erde kurz davor stand, in ein Entwicklungsstadium voller Gewalt einzutreten, ganz ähnlich einer Geburt. Jeder von uns betete aus ganzem Herzen für Mutter Erde um Hilfe für die Welt und alles irdische Leben.

Diese Zeremonie dauerte drei Stunden. Nach etwa einer Stunde – ich schaute in die Flammen und hörte den Gebeten zu – deutete der Arhuaco-Mann, der dabei die Augen geschlossen hatte, hoch zum Himmel. Wir schauten alle nach oben. Dort schwebte in etwa dreißig Metern Höhe ein riesiger Adler über unserer Zeremonie. Nicht eine Feder war in Bewegung, er schien fest und bewegungslos am Himmel zu stehen. So verharrte er zehn Minuten, dann flog er ein paar Meter zur Seite und beobachtete uns, wie wir eine Zeremonie abhielten, die seit sehr langer Zeit nicht mehr stattgefunden hatte.

Don Alejandros Frau Elizabeth übersetzte Don Alejandros Worte ins Englische. Manchmal sprach er über Dinge, über die nur die Anwesenden Bescheid wissen, zum Beispiel die eigentliche Zeremonie.

▶ Der Attila-See und der Vulkan

Er ging sehr detailliert darauf ein, aber ich möchte darüber nicht viel sagen. Doch wann immer möglich, werden wir Don Alejandro zu Ihnen sprechen lassen. Er begann mit den Worten:

> Im Namen des Herzens des Himmels und des Herzens der Erde, des Herzens der Lüfte, des Herzens des Wassers, an diesem heutigen Tag, dem Tag 13-3 des Maya-Kalenders, also dem Tag der Ermächtigung. Diese Zeremonie ist für jeden und für alle hier Anwesenden. Jeder von euch kam mit einem Anliegen, einem Wunsch, einer Bitte. Jeder von uns hat seine ganz eigenen Bedürfnisse. Diese Bedürfnisse haben uns hier zusammengeführt, um gemeinsam die Kultur der Maya zu erleben.

▶ Die Bucht des Attila-Sees

Nun begann Don Alejandro, die zeremonielle Feuerstelle der Maya aufzubauen. Als er mit dem Zusammenstellen des heiligen Gebindes fertig war, erklärte er uns die Bedeutung von vier der geometrischen Anordnungen.

> Jetzt die vier anderen Hieroglyphen, in den vier Himmelsrichtungen, welche die vier Propheten symbolisieren, die aus den Sternen kamen, diejenigen, die uns diese Tradition brachten, und auch diejenigen, die uns lehrten, wie diese Zeremonie abzuhalten sei. Sie lebten hier jahrhundertelang und sind zu den Sternen zurückgekehrt. Aber während sie hier waren, hinterließen sie uns unter anderem eine große Prophezeiung, und die eine Prophezeiung, die darauf zurückgeht, lautet, dass wir alle hier zusammenkommen.

Die Sternenwesen sagten zu uns: »Kinder, vergesst uns nicht, behaltet uns in lebendiger Erinnerung. Wir haben euch gute Lehren und eine gesunde Denkweise vermacht. Gebt sie an eure Kinder und Kindeskinder weiter.« Und bis heute ist diese Lehre bei uns sehr lebendig.
Das steht in keinem Buch; es wird lebendig weitergegeben. Und dies ist das große Mysterium um die Maya, denn es wurde mündlich überliefert, von Mund zu Ohr, von unseren Ahnen.
Als die erste Zeremonie abgehalten wurde, als die Ältesten von den Sternen hier waren, als sie auf die Sonne warteten und sich auf die erste Zeremonie vorbereiteten, wurde dies von Palenque, einem der Propheten, gesammelt, um uns zu danken. Sie alle sammelten Saft von den Bäumen.
Der zweite Prophet brachte den Saft der Fiederpalme; den nutzten sie als Bezahlung, als sie die Sonne das erste Mal erblickten und die Schönheit des Tages sehen konnten. Und sie bezahlten auch mit einem anderen Saft von der Kokapalme, auch er stammt von den Bäumen. Als vor 500 Jahren die Invasion erfolgte, wurde dies auch in der katholischen Kirche verwendet, um uns zu täuschen.
All das lehrten uns die vier Propheten von den Sternen. Als die erste Zeremonie stattfand, bevor die Sonne über dem Antlitz der Erde aufging, gingen sie zu einem Berg namens … [diesen Namen wollen wir nicht preisgeben]. Sie hielten die Zeremonie ab und sandten eine Bitte, denn sie wollten die Schönheit des Tages sehen.
Und plötzlich erschien ein Licht von oben, welches das Gebiet, in dem sie sich aufhielten, in Licht tauchte. Als das Licht herabkam, manifestierte sich darin ein Lichtwesen. Die Ältesten waren so wie wir [in einem Kreis] aufgestellt. Dieses Wesen sprach zu ihnen und sagte: »Meine Kinder, ich danke euch, dass ihr dies für mich tut. Lehrt es eure Kinder und Kindeskinder. Darin werdet ihr Gesundheit und Glück finden.«
Sie waren erstaunt und lauschten, und dieses Wesen war in ein wei-

ßes Gewand gekleidet und hatte einen langen weißen Bart. Einer von ihnen fragte: »Aber Großvater, wer bist du?« Und das Wesen erwiderte: »Ich bin das Herz des Himmels. Ich bin das Herz der Erde. Ich bin das Herz der Lüfte. Ich bin das Herz des Wassers.«

Und das Wesen fuhr mit dem Beten fort: »Die Erde gehört euch. Bevölkert sie.« Dann entschwand das Wesen wieder in den Himmel.

In diesem Augenblick wurde unsere Zeremonie von unserem Schöpfer empfangen, der sich in diesem Wesen präsentierte. Das geschah, bevor die Sonne auf dem Antlitz der Erde erschien. Alles was wir hier vorlegen, ist so wie das, was sie damals taten, eine Opfergabe an unseren Schöpfer. Und denkt daran, er redete von zwei Dingen: »Darin werdet ihr Gesundheit und Glück finden.«

Auch an diesem heutigen Tag bringen wir diese Gaben dar, denn mein Wunsch ist es, dass ihr alle dies aus vollem Herzen tun möget, denn dies wird nicht in irgendwelchen Büchern gelehrt. Dies wurde nicht von einer bestimmten Person, von irgendjemandem gelehrt. Der Schöpfer selbst stieg herab und sagte: »Meine Kinder, ich danke euch, dass ihr dies für mich tut.« Und so halten wir heute diese Zeremonie ab.

Für uns ist dies der heiligste Teil, denn dies ist der Geist unserer Kultur. Und dann sagten sie, und auch ich sage es euch: »Unser Schöpfer ist bei uns.« Sie sagten: »Wir sehen es nicht, aber er ist hier bei uns.« Und ich sage: Lasst es uns mit offenem Herzen tun. Und ich sage nur noch eines: Danke, dass ihr hier bei uns seid. Möge der Schöpfer in diesen Tagen, in denen wir zusammen sind, und in den Tagen, in denen ihr eure Reise hierher gemacht habt, immer bei euch sein, und mögen all eure Bitten sich erfüllen.

Drunvalo erzählt weiter

Die Gebete, die Lieder, die Chants, die Tänze, das Feuer, der zum Himmel hochsteigende Rauch, wo unser Vater und unsere Mutter hoffentlich unsere Bitten erhörten – unsere Herzen waren weit offen. Es war eine unglaubliche Erfahrung.

Wir bestiegen die Boote, um zur anderen Seeseite zurückzukehren, und ich betrachtete unsere ungewöhnliche Gruppe, wie sie zum Anleger lief: Muslime, Juden, Buddhisten, Christen, Taoisten, Shinto, Hindus und viele andere. Und darunter die Menschen aus den uralten Stämmen von Atlantis und dem Land des Lotus.

Don Alejandro und die Maya-Ältesten hielten nach etwas Ausschau; das wusste ich aus tiefstem Herzen. Und was auch immer das gewesen sein mag – sie müssen es während dieser Zeremonie gefunden haben, denn sie baten uns, an einem anderen Ort, weit entfernt vom Attila-See, eine weitere Zeremonie abzuhalten: in Tikal, einer uralten Tempelstätte in Guatemala, die für das Scheitel- bzw. Kronen-Chakra des menschlichen Körpers stand, das Tor zu einem höheren Bewusstsein.

4. Kapitel

Die Zeremonie in Tikal

Tikal – das ist eine majestätische Welt aus uralten Tempeln; sie war einst von einer Stadt umgeben, die sich Dutzende von Kilometern in alle Richtungen erstreckte. In dieser riesigen Stadt wohnten Hunderttausende Maya. Ich habe einmal das Bild eines Künstlers gesehen, wie sie zu ihren Hochzeiten wohl aussah; sie ähnelte eher einer Stadt in der fernen Zukunft, nicht aus der Vergangenheit.

Die Maya sagen von sich, sie hätten in den Sternen gewohnt, bevor sie sich in Atlantis niederließen. Bei der Entdeckung der uralten Stadt Tikal in den 1980er-Jahren kam eine glanzvolle, wunderschöne und mächtige Stadt zum Vorschein. Wenn man sich die Stadt ausmalt, wie sie vor langer Zeit aussah, kann man sich auch gut vorstellen, dass ihre Erbauer ursprünglich von den Sternen kamen.

Gemeinsam mit Don Alejandro, den Maya-Ältesten und den Vertretern von Religionen und Stämmen aus aller Welt nahm ich an einer weiteren herausragenden Zeremonie teil. Wir folgten Don Alejandro und den Maya-Ältesten zu einem hochgelegenen Platz, an dem ganz offensichtlich schon unzählige Male Zeremonien abgehalten worden waren. Erneut bauten die Maya langsam und in mühsamer Arbeit die Feuerzeremonie der Maya auf. Und wie bei der ersten Zeremonie dauerte es auch diesmal über eine Stunde, bis überhaupt der Zeremonienaltar errichtet war und das Feuer angezündet werden konnte.

▶ Tikal

Zunächst sah es ganz so aus, als würde die erste Zeremonie wiederholt werden. Doch nach und nach veränderte sich die Atmosphäre. Wir hatten uns in der Geborgenheit dieser wunderschönen, riesigen Bäume mit großen, verhedderten Wurzeln niedergelassen, und jedes Mal wenn Don Alejandro die Arme gen Himmel erhob, fuhr der Wind durch die Bäume. Es war ziemlich dramatisch. Er wiederholte das zehnmal, und dann waren wir schon darauf gefasst: Wenn er die Arme emporstreckte, warteten wir auf den Windstoß.

Dann veränderte sich das Licht. Dramatische Lichtstrahlen drangen durch die Äste. Wir fühlten uns wie in einer der alten europäischen Kathedralen. Touristen, die dort herumspazierten, waren so fasziniert und hypnotisiert, dass sie einfach nicht weitergehen konnten.

Wieder übersetzte Don Alejandros Frau seine Worte für uns:

Wann immer wir in der Ratsversammlung zusammenkommen, sitzen wir im Kreis. In diesem Kreis, der ungefähr 5200 Jahre lang ist, können wir über die gesamte Geschichte der Zeit reden.
Wenn wir zu zählen beginnen, zählen wir von eins bis zwanzig, weil jede Hand fünf Finger hat bzw. beide Hände zehn Finger haben, dazu die zehn Fußzehen. Die Zahl Zwanzig entspricht quasi einem Menschen – was die Zahl Null symbolisiert. Die Null ist also ein Symbol für die Zahl Zwanzig.
Ihr kommt hierher, aber nicht, um etwas über das Getrenntsein untereinander oder über Rassismus zu erfahren. Nein, wir kommen hier zusammen, um mehr über Bruder- und Schwesternschaft zu lernen. Und wir überbringen euch diese Botschaft von unseren Ahnen, nur um mit euch darüber zu reden bzw. euch mitzuteilen, welche Zeitqualität derzeit vorherrscht. Und durch das heilige Feuer, denn genau das ist der Geist unserer Kultur. Und das wird euch – jeden von uns – nähren, allerdings nicht zum lustigen Zeitvertreib. Ihr sollt damit Tropfen der Weisheit in euren Geist und eure Seele aufnehmen.

So ist die Welt, in der wir gerade leben. Die Zeit ist gekommen, über diese Botschaften zu reden. Es gibt Boten, die in alle Welt reisen. Diese Boten haben es nicht leicht überall auf der Welt, sie kommen aus dem Norden und aus dem Süden, aus Europa und allen Kontinenten. Sie alle reisen um die Welt und verkünden diese Botschaften. Und wir alle sprechen über dasselbe: dass wir Brüder und Schwestern sind. Weiße und Schwarze, Ureinwohner oder Nicht-Ureinwohner, Maya oder Nicht-Maya. Wir alle sind Brüder und Schwestern. Und die Tiere sind meine Brüder, die Bäume meine Ältesten, die Steine mein Volk, und all das wird von Großvater Sonne genährt. Wir reisen so, wie Großmutter Mond sich bewegt. Und alle Sterne am Himmel, all die Planeten und Galaxien stehen mit uns in Kontakt. Und alle Tiere – ob sie nun im Dschungel, unter der Erde oder im Wasser leben – sind unsere Brüder. In dieser Zeit, in der wir gemeinsam pilgern, wollen wir uns wie Brüder und Schwestern lieben. Wir leben unter diesem Himmel voller Schatten und Licht, mit Respekt für Mutter Erde, die unsere Mutter ist. Das wurde nun hiermit gesagt, meine Brüder und Schwestern. Danke.

Die Zeremonie war von bewegender Schönheit, und doch hatte ich das Gefühl, Don Alejandro und die Ältesten beobachteten und warteten noch auf etwas. Das spürte ich im Herzen, aber was das war, hätte ich nicht sagen können. Sie hielten anscheinend nach Zeichen Ausschau – so wie der Adler in der ersten Zeremonie –, die nur von Mutter Erde kommen konnten, nicht von einem Menschen. Kein Mensch hätte das Ergebnis beeinflussen können. Das musste von Mutter Erde kommen. Was immer es war, die Zeichen mussten erschienen sein, denn wir wurden gebeten, fortzufahren.

Die Maya-Ältesten führten uns zu weit entfernten Maya-Tempeln, von denen ich noch nie etwas gehört hatte. Noch nie hatte ich Fotos davon gesehen, aber als ich sie dann erblickte, konnte ich nicht verstehen, warum die Welt nichts von ihnen wusste. Sie waren so herrlich und verfügten über eine tiefe Macht in der Erde. Wir stellten allerdings keine zeremonielle Verbindung her. Don Alejandro wollte uns nur diese Tempel erfahren lassen, oder vielleicht wollte er auch, dass diese Tempel uns erfahren.

Die ägyptische Perspektive

Ich möchte die Tikal-Zeremonie nicht aus Maya-Sicht, sondern aus dem Blickwinkel der alten Ägypter erklären. Während der letzten paar Tage unserer Reise hatte ich mit einigen Leuten aus unserer Gruppe darüber gesprochen und wurde gebeten, es Ihnen allen darzulegen, damit wir alle es verstehen können.

Ich bin in diese Zeremonien eingebunden, weil ich von jenseits der Sterne komme, aus einer Welt ohne Sterne und Planeten, durch das Melchizedek-Bewusstsein. Dieses Bewusstsein ist formlos, in einem ursprünglichen Zustand – es ist einer der vielen Aspekte des *einen* Bewusstseins. Es kam zu dieser bestimmten Zeit hierher wegen der massiven Transformation, die bald in unserem Universum stattfindet. Das ist die Aufgabe der Melchizedeks, der Träger des Melchizedek-Bewusstseins. Wir sind immer involviert, wenn es zu Dimensionsveränderungen kommt, welche die daran beteiligten Menschen mit ihren Fähigkeiten nicht lösen können.

Ich gelangte über den Krebsnebel hinter dem mittleren Stern des Oriongürtels hierher und reise von dort zu den Plejaden. Ich nahm einen plejadischen Körper an und lebte dort etwa fünfzehn Erdenjahre lang, um mich auf die Erde vorzubereiten. Von dort ging ich zum Stern Sirius oder genauer zum Stern Sirius B (dritter Planet, etwas weiter entfernt), wo ich viel weniger Zeit verbrachte. Danach besuchte ich kurz den Planeten Venus und erreichte die Erde im Jahr 1840 in der vierten Dimension.

Ich bin sozusagen nur ein Baby hier; dieses Leben ist erst mein zweites Leben auf der Erde. Die meisten Menschen sind dagegen schon seit Jahrtausenden hier.

Bei meiner Ankunft auf der Erde bekam ich den Auftrag, mich mit den Aufgestiegenen Meistern zu treffen, aber in der vierten Dimension war niemand. Ich stieg in die fünfte und dann in die sechste Dimension auf, und dort traf ich dann auf alle bis auf drei, die sich auf der siebten Dimension befanden.

Ich wurde von den alten Ägyptern begrüßt, die mich mit den anderen Aufgestiegenen Meistern der sechsten Dimension bekannt machten, darunter auch Thot, dem Schreiber, der die Geschichte der Welt der alten Ägypter aufzeichnete. Thot lebt seit 52.000 Jahren auf der Erde, auch heute noch. Ähnlich wie Saint Germain, der bei den Aufgestiegenen Meistern der sechsten Dimension lebt, erschafft Thot immer wieder seinen Körper neu und kehrt in die dritte Dimension zurück, um uns auf Menschenart zu helfen. Wie Saint Germain wandert Thot zwischen unserer Welt und ihrer Welt hin und her.

Kurz nachdem ich im Jahr 1972 meinen jetzigen Körper bezog, traf ich auf Thot und durchlief mit ihm eine mehr als zwölfjährige spirituelle Schulung. Als ich damit fertig war, erfuhr ich von meinen Engeln, die mich führen, ich müsse den Einflussbereich der Ägypter verlassen und nach Yucatan gehen, da die Maya über Informationen verfügten, die für die Welt und diesen Transformationsprozess wichtig seien. Die Ägypter besaßen einen Teil des Wissens und die Maya den anderen.

Es gibt noch einige andere indigene Stämme, die daran beteiligt sind: von den amerikanischen und kanadischen Ureinwohnern bis hinunter zu den Inkas in Peru im Süden und den Waitaha auf Neuseeland.

Drei Gebiete auf der Erde verfügen über die Urenergien des Gitternetzes des Einheitsbewusstseins; anders gesagt gibt es einen männlichen, einen weiblichen und einen kindlichen (positiven, negativen und neutralen) Aspekt dieses Gitternetzes. Der männliche Aspekt hatte sich in Ägypten manifestiert; er verlief in geraden Linien entlang dem Nil. Der neutrale bzw. kindliche Aspekt befand sich in Tibet, und die Pyramiden bestanden aus Kristallen mit unsichtbaren Strukturen. Der weibliche Aspekt dagegen hatte sich in Nord- und Südamerika manifestiert, und zwar spiralförmig; laut Aussagen der Ägypter befand sich das Zentrum dieses weiblichen Netzes in Uxmal in Mexiko.

Wir gingen deshalb nach Mexiko und Tikal in Guatemala, um den weiblichen Teil des Gitternetzes des Einheitsbewusstseins in Harmonie zu bringen; er enthält die neue Blaupause des menschlichen Bewusstseins. Die Welt ist so männlich geworden, dass das Gitternetz nicht mehr richtig funktioniert. Wenn das weibliche Element nicht einfließen würde, um die Balance herzustellen, würde das gesamte Gitternetz nicht funktionieren, das heißt, wir wären nicht in der Lage, aufzusteigen.

In Uxmal, einer uralten Maya-Stadt in Yucatan, gab es einen winzigen Platz von der Größe eines Atoms, an dem eine Spirale aus der Erde austrat. Diese Spirale war mit der Erdmitte verbunden und dehnte sich von Uxmal immer weiter aus bis Labna und von Labna bis Kabah. Von Kabah aus wurde die Spirale noch weiter und ging bis nach Chichén Itzá und von dort aus weiter nach Tulum. Von Tulum verlief die Spirale weiter nach Belize und nach Kohunlich; von Kohunlich weiter nach Palenque, bis sie schließlich Tikal in Guatemala erreichte.

Die Plätze, die die Spirale erreicht, entsprechen den Chakras des Menschen: Uxmal war das Wurzelchakra, Labna das Sexualchakra, Kabah das Solarplexus-Chakra der Willenskraft, Chichén Itzá das Herzchakra, Tulum das Kehlchakra, Kohunlich das Dritte Auge und Palenque das Kronenchakra, die Zirbeldrüse in der Mitte des Kopfes, die mit dem Scheitel in Verbindung steht.

Vom Kronenchakra gab es eine Verbindung zum 13. Chakra eine Handbreit über dem Kopf, welches von Tikal in Guatemala repräsentiert wurde. Dieses Chakra vervollständigte die Chakra-Reihe im Körper, bildete aber auch den Anfang einer neuen Reihe, die wir nach unserem Aufstieg nutzen werden. Aus Sicht der Ägypter war Tikal einer der wichtigsten Orte der Welt.

Tikal steht mit einer weiteren Gruppe aus acht Tempeln bzw. Pyramiden in Verbindung, die in Bezug auf Mexiko in die andere Richtung, gegen den Uhrzeigersinn, verlaufen. Eine weitere Reihe befindet sich weiter unten, in Honduras, El Salvador und Nicaragua. Die Energie bewegt sich ständig; Spiralen und Tempel wechseln jedes Mal, wenn sie eine Oktave vollenden, in die umgekehrte Richtung und gelangen schließlich nach Peru, wo die Spiralenergie wechselt und bei einem Tempel endet. Das war das spirituelle Zentrum, »Chaven« genannt, des alten Inka-Reiches.

Am Titicaca-See tief im Wasser zwischen der Insel der Sonne und der Insel des Mondes, in Bolivien, macht die Energie eine 90-Grad-Wendung und bewegt sich in den Pazifik hinaus bis zur Insel Moorea.

Dieselbe Energie, die sich von Uxmal in Mexiko südwärts nach Guatemala und Peru bewegte und schließlich Moorea erreichte, verläuft von Uxmal aus auch Richtung Norden, in einem riesigen Halbkreis in die Vereinigten Staaten, bis nach Hawaii und endet schließlich auf Moorea. Sowohl die nördliche als auch die südliche Energielinie haben ihren Ursprung in Uxmal; beide kommen auf der kleinen Insel Moorea zusammen, dem Südpol der Achse des Gitternetzes des Einheitsbewusstseins. Auch dies ist die Sichtweise der Ägypter.

Thot sandte mich 1985 nach Mexiko und Guatemala, um spezielle Kristalle zu all diesen heiligen Orten zu bringen. Sie mussten an ganz bestimmten Plätzen abgelegt werden, nicht einfach irgendwo.

Die Kristalle standen mit ihrem Tempel und der Erde in Verbindung. Den achten Kristall legte ich dort nieder, wo sich der sogenannte Vierte Tempel in Tikal befindet. 1985 war diese Stätte fast vollständig von Vegetation und großen Wurzeln überwachsen. Man wäre nie im

Leben darauf gekommen, dass sich hier ein Tempel befindet. Nur die oberste Spitze des Tempels ragte heraus.

Meine innere Führung ließ mich wissen, wo sich der heilige Punkt befand; dort legten wir den Kristall nieder. In diesen Kristallen befand sich die Absicht, das Gitternetz um die Welt herum sollte ausbalanciert und lebendig werden und die Maya mögen sich an ihr uraltes Wissen und ihre alte Weisheit erinnern. Die Ägypter hatten mich angeleitet, diese Intentionen an diesem Platz zu hinterlegen.

Im Jahr 2002 wurde ich vom Ältestenrat der Itza Maya eingeladen, mit einer anderen Gruppe aus aller Welt nach Yucatan in Mexiko zu kommen und an einer Reihe von Zeremonien teilzunehmen, die mit den Energiefeldern von vielen anderen Stämmen in Nord-, Mittel- und Südamerika zu tun hatten. Die Schlange des Lichts, die Kundalini der Erde, war gerade von Tibet nach Chile in Südamerika gekommen, und die Zeremonie musste zu Ende geführt werden. Im Sommer 2003 wurde dies verwirklicht.

Hunbatz diente all diesen Menschen als Führer und wies unsere Gruppe an, zu all diesen Plätzen zu reisen: Uxmal, Labna, Kabah, Chichén Itzá, Tulum und Kohunlich sowie Palenque. Dort sollten wir den Kreis schließen und das zu Ende führen, was wir 1985 erreicht hatten. Wir waren bereits früher in all diesen Tempeln gewesen, aber es musste noch einmal mit der Energie vieler anderer Stämme geschehen. Und natürlich hatte es etwas mit dem richtigen Zeitpunkt zu tun.

Als unsere sechzigköpfige Gruppe in Mexiko ankam und wir uns mit dem Ältestenrat der Itza Maya verbanden, schauten über 80.000 Menschen der Zeremonie zu. Außer den Maya nahmen über 250 Stämme teil – die Bilder davon werde ich mein ganzes Leben nicht vergessen. Was für eine Kraft!

Unsere Gruppe befand sich im weiten Bogen um diesen inneren Kreis von Stammesältesten herum – ein Kreis innerhalb eines Kreises, so wie die Lange Zählung der Maya sich innerhalb der Präzession der

Erdachse bewegt. Am Ende der Zeremonie kamen wir alle aus unterschiedlichen Richtungen zum richtigen Augenblick zusammen, so wie es am 21. und 22. Dezember 2012 geschehen wird.

Ich führte die Zeremonien in Mexiko zu Ende, doch für den letzten Tempel, Tikal, musste ich nach Guatemala reisen, und dafür ließen mir die Maya keine Zeit. Ein Tempel fehlte mir noch, um meinen Teil der Zeremonie abzuschließen, und das war von essenzieller Bedeutung für die Welt. Irgendwie musste ich das schaffen.

Die Arbeit in Tikal ist nicht beendet worden, und seitdem ist das Gitternetz des Einheitsbewusstseins im Entstehen begriffen. Nur ein winziges Teilchen fehlt noch zur Vervollständigung, und das kann erst geschehen, wenn diese Zeremonie in Tikal stattfindet, um die Zeremonie am vierten Tempel zu vervollständigen – was eigentlich längst hätte passieren sollen. Dann ist es vollbracht. Aus Sicht der alten Ägypter war diese Zeremonie sehr wichtig. Ohne sie, so ihre Überzeugung, würde alles Leben auf der Erde einem unglaublich hohen Risiko ausgesetzt. Auch aus Sicht des Melchizedek-Bewusstseins sind diese Zeremonien entscheidend, können aber nur von den Maya abgehalten werden, eventuell unter Beteiligung von anderen Menschen. Auch wir meinen, ebenso wie Don Alejandro, dass bei den Zeremonien Menschen aus aller Welt und von allen Kontinenten dabei sein mussten, denn es handelt sich um Zeremonien für die ganze Welt, nicht nur für die Maya. Durch das vollständige Abhalten dieser Maya-Zeremonie hier in Tikal kann sich das Gitternetz des Einheitsbewusstseins vervollständigen. Sie sehen also, warum diese Tikal-Zeremonie so essenziell ist.

Mein Herz ist so voller Dankbarkeit für Don Alejandro, ich kann es nicht in Worte fassen. Ich bin so dankbar.

Damit kommen wir zum Ältestenrat der Itza Maya und zu ihrer Überzeugung, wir sollten am 21. Dezember 2012 nicht feiern, sondern lediglich eine Zeremonie abhalten, um die Blaupause des Universums zu vollenden; das ist unbedingt nötig.

(12-22-2012) = 2222

Am 22. Dezember 2012 beginnt der neue weibliche Schöpfungszyklus der Welt. Dies ist nicht nur der Tag der Geburts- und Freudenzeremonie, sondern auch der Tag, an dem jeder einzelne Mensch auf der Erde, ob gut oder schlecht, einen neuen Zyklus beginnt – 2222. Und dieser neue Zyklus von 12.812,5 Jahren (bzw. die Male, in der die Erde sich um die Sonne bewegt) beginnt an diesem Tag mit einem kürzeren Zyklus der Heilung. Wir müssen vom Ende des letzten Zyklus genesen.

Der positive Ausgang war keineswegs einfach, aber wir haben es geschafft, und jetzt sind wir an einem der wichtigsten Punkte in der Geschichte der Erde angelangt – einem Augenblick, in dem große Veränderungen möglich sind.

Dies ist der Beginn der Zeit, in der die Frauen der Welt – meist innerhalb weniger Jahre – im Herzen zusammenkommen und die Kontrolle übernehmen. Und egal aus welchem Land sie kommen, welche Hautfarbe sie haben und welcher Religion oder spirituellen Überzeugung sie angehören – sie werden eins werden. Dadurch bringen sie auch ihre ganze Familie mit ein. Und dadurch wird die ganze Welt mit einbezogen.

So war es schon immer: Das Männliche führt die eine Hälfte des Zyklus der Präzession des Äquinoktiums, so wie es während der letzten 12.812,5 Jahre der Fall war; dann geht das Weibliche voran. Nach 12.812,5 Jahren wird das Weibliche verworren und verzerrt, so wie derzeit das Männliche. Und dann übernimmt das Männliche wieder die Kontrolle und führt mit jugendlicher Kraft in den Adern die Welt an.

Doch der Zyklus geht nie zu Ende, sondern ist in ständiger Veränderung begriffen. Dabei geht es nicht nur darum, sich im Kreis zu drehen; die Erde bewegt sich auch durch den Raum, wodurch der Kreis zu einer Spirale wird. Sie folgt denselben Gesetzen, aber ermöglicht Weiterentwicklung. So hält die Natur das Leben in Balance.

5. Kapitel

Die Zeremonien bei den Candelaria-Höhlen

Nach siebzehn Jahren mit Zeremonien waren alle heiligen Zwischenschritte abgeschlossen und der Ältestenrat von Guatemala hatte die heiligen Zeichen von Mutter Erde empfangen, die ihm erlaubten, mit unserer Gruppe der Weltbotschafter noch tiefer zu gehen. Jetzt konnten Dinge geschehen, die vorher nicht möglich gewesen waren.

Nachdem die zweite heilige Maya-Zeremonie in Tikal, Guatemala, beendet war, erhob Don Alejandro die Arme und sagte: »Okay, jetzt begeben wir uns ins Herzland der Maya.«

Ich hatte keine Ahnung, was er damit meinte. Wir reisten mit einem dieser riesengroßen silbernen Touristenbusse – auf Autobahnen und durch die wunderschönen Dschungelwälder von Guatemala –, aber wir wussten nicht, wohin die Reise ging. Stundenlang fuhren wir hin zu diesem unbekannten Ort, und schließlich schlief ich ein. Ich kann mich noch an den Rhythmus der Räder auf dem Asphalt erinnern, aber das war's auch schon – ich begann zu träumen.

Plötzlich ließ Don Alejandro den Bus am Straßenrand halten. Ich wachte auf und schaute hinaus auf eine Landschaft, wie sie überall in Guatemala hätte sein können: Grasfelder auf beiden Seiten, mit rostigem Stacheldraht eingezäunt – keine Tempel, rein gar nichts. Wir stiegen alle aus und irrten umher wie Ameisen, die nicht wussten, wohin sie gehen und was sie tun sollten.

Schließlich gingen Don Alejandro und die Ältesten auf die andere Straßenseite hinüber zu einem Durchbruch im Zaun; er führte auf einen engen Weg zwischen zwei größeren Feldern. Dort gab es etwas Raum von vielleicht 10 Metern, den man im Vorbeifahren nicht gesehen hätte.

Wir folgten den Maya-Ältesten auf diesen schmalen Pfad im Gras und liefen etwa eine Meile. Die Landschaft wurde immer felsiger; offensichtlich näherten wir uns einer Art niedriger Hügel. Die Bäume um uns herum wurden allmählich immer dichter, je näher wir dem Dschungel kamen. Die Ältesten bogen scharf links ab in ein weiteres umzäuntes Gebiet, das sich schnell als echter Dschungel herausstellte.

▶ Der Maya-Komplex, der den Eingang zu den Höhlen schützt

Statt blauem Himmel sahen wir nur noch Bäume. Die bislang normale Energie wich einem Gefühl großer spiritueller Klarheit. Wir wurden alle ganz aufgeregt und spürten, es würde bald etwas passieren. Mutter Erde war überall um uns herum, sie schaute uns direkt in die Augen.

Sobald ich die Mutter spürte, veränderte sich der Dschungel auf zunächst ziemlich seltsame Weise. Einige Pflanzen sahen aus wie von Menschen gehegt und gepflegt. Bald wurde uns klar, dass wir uns der Zivilisation näherten. Es war unglaublich schön. Aber wie konnte das sein, wo wir doch immer tiefer in den Dschungel eindrangen?

Vögel mit leuchtend buntem Federkleid flogen hin und her, während wir voller Erstaunen die üppige Umgebung betrachteten. Stufen tauchten genau dann auf, wenn wir welche brauchten. Alles war feucht, grün und mit liebevoller Sorgfalt gepflegt. Und dann sahen wir es ...

Die Maya hatten für alle, die die Höhlen betreten wollten, einen kleinen Platz erbaut, wo sie sich vorbereiten konnten. Er war wunderschön und sah aus wie eine Blume, die aus dem Dschungel herauswuchs, wie etwas Lebendiges.

Gleichzeitig hielt dieses Tor all diejenigen ab, die nicht hier sein sollten. Der Weg wurde dadurch vollständig versperrt.

Wir waren also auf einen von den Maya errichteten Komplex gestoßen, der etwas schützte, das wir bald betreten durften: die Höhlen, durch die die Maya lange vor Atlantis diese Welt betraten. Für die amerikanischen Ureinwohner ist dies das »See-Pa-Poo«, das größte Heiligtum von allen Heiligtümern. Für die Maya ist dies der Geburtsort des Maya-Volkes auf der Erde. Heute tragen diese Höhlen den Namen »Candelaria-Höhlen«.

Die Ältesten führten uns um diesen zauberhaften Platz herum, wo wir uns ausruhten und etwas aßen. Wir würden mehrere Stunden lang in den Höhlen sein. Ich spürte in mir eine ganz tiefe Ruhe aufkommen. Als ich Stimmen hörte, wurde mir klar, dass wir etwas zu essen bekommen würden. Aber eigentlich war ich nicht hungrig. Ich war so neugierig auf das, was auf der anderen Seite dieses geheimen Freiluft-Restaurants lag, dass es fast nicht mehr auszuhalten war.

Doch es gab noch andere Gründe, warum die Ältesten uns hier in diesem schönen Bauwerk mit dem Dschungel, die Herz und Körper berührten, versammelt hatten. Es gab dort alte Maya; sie fühlten, wer wir in unserem Herzen waren. Es war, als suchte sogar der Dschungel in uns danach, wer wir wirklich waren.

Mit ihrer liebenswürdigen Gastfreundschaft boten uns die Maya-Ältesten eine traditionelle Mahlzeit an, denn uns stand eine lange Reise bevor; das wussten wir zwar nicht, die Ältesten aber sehr wohl.

Nach dem Mittagessen gingen wir in einer Reihe einen Hang hinauf, der auf den Berg vor uns führte. Ich wurde innerlich noch ruhiger und begann zu chanten, während ich mich etwas näherte, das ich nicht verstand, das mein Herz aber fühlen konnte.

Und dann geschah es: Ein kleines Loch in der Bergflanke wurde sichtbar. Die Gespräche wurden lauter. Die Öffnung befand sich unter einem kleinen Felsvorsprung und war groß genug, um zwei oder drei Leute gleichzeitig eintreten zu lassen.

Es dauerte eine Weile, aber schließlich waren wir alle im Berg in einem langen, relativ geraden Tunnel, der nur etwa zwei Meter breit war. Jetzt befanden wir uns ganz und gar im Inneren von Mutter Erde.

Einige Minuten lang liefen wir in diesem vollkommen dunklen Tunnel weiter; nur Taschenlampen erhellten den Weg. Dann sammelte Don Alejandro alle um sich und erklärte ein paar Grundlagen über diese Höhle. Laut Don Alejandro war sie für das Maya-Volk sehr heilig. Sie verlief achtundzwanzig Kilometer in die Erde hinein; wir würden allerdings nur ein paar Kilometer weit gehen. Wir sollten sehr vorsichtig sein, denn der Weg würde nass und glitschig. Das war bereits erkennbar, aber etwas wussten wir noch nicht: dass vor uns ein kleiner Fluss lag.

Wir gingen ein Stückchen weiter, als etwas für mich Unerwartetes passierte. Der enge Tunnel endete in einem T, und aus ungefähr zehn

Metern Höhe über dem Boden dieser neuen Höhle erblickten wir vor uns eine weitere riesige Öffnung: doppelt so groß wie ein Football-Feld und etwa 23 bis 28 Meter hoch. Ein Teil der Decke war schon vor langer Zeit eingebrochen; ein schmaler Lichtstrahl drang in die Dunkelheit und überflutete diese Riesenhöhle mit engelhaftem Licht, das uns zum Stehen brachte. Wir konnten fühlen, wie sich unsere Herzen öffneten. Man konnte nichts dagegen tun, es passierte ganz instinktiv.

Dann kehrte mein Körper wieder in die Realität zurück: Ich stand am Rand einer Klippe in völliger Dunkelheit. Ich atmete tief durch, und wir kletterten eine alte handgeschnitzte Leiter hinunter auf den Boden dieser neuen Höhle und wandten uns nach links. Als ich unten ankam, durchfuhr mich ein leichter Schauder, denn ich wusste, wir standen auf festem Boden. Weiter ging es entlang einem Bach, der sich von einer Seite der Höhle zur anderen schlängelte. Die ganze Zeit schritten wir durch reines, klares Wasser.

▶ Die erste Zeremonie in den Höhlen

Fast die ganze Zeit, nachdem wir den Lichtstrahl hinter uns gelassen hatten, mussten wir die Taschenlampen benutzen, um in der Dunkelheit nicht über verborgene Felsen zu stolpern oder von den Klippen zu stürzen. Fast alle unterhielten sich, einfach weil wir sichergehen wollten, dass jemand in der Nähe ist. Wenn die Lampen ausgeschaltet wurden, war es vollkommen dunkel, man sah die Wand vor dem Gesicht nicht.

Nach einer sehr langen und auch gefährlichen Reise hinein in Mutter Erde gelangten wir an den nächsten Platz, wo die Decke des Höhlendachs eingebrochen war und wieder ein Sonnenstrahl ins Innere drang – nicht viel, aber immerhin konnten wir dadurch etwas sehen. Don Alejandro hielt an; denn hier sollte eine weitere Zeremonie durchgeführt werden.

Wieder wurde eine Feuerzeremonie abgehalten, allerdings ganz anders als die beiden am Attila-See und in Tikal. Es war die schönste Zeremonie von allen. Das eigentliche Feuer wurde als Außenkreis angelegt. Ein paar von uns spielten auf der Flöte und auf weich klingenden Trommeln. Die Musik und die Chants hallten als Echo von den Wänden und aus unserem Geist wider. Mein Körper atmete die Heiligkeit dieses Augenblicks ein, aber mein Herz schwang im Einklang mit dem Universum. Meine Atmung wurde immer rhythmischer und langsamer.

Was immer bei dieser Zeremonie geschah, entschied unser Schicksal – obwohl ich mir dessen zu diesem Zeitpunkt noch nicht klar war. Je nachdem welche Zeichen Mutter Erde gab, mussten wir hier anhalten und umkehren oder durften tiefer in ihren Schoß fortschreiten.

Als die Zeremonie zu Ende war und nur noch der Rauch zur Decke stieg, verschwand Don Alejandro. Einer der Maya-Ältesten, Rafino, bat uns, mit ihm weiter in die Höhle zu gehen; er führte uns immer tiefer in den Körper der Mutter hinein.

Nach einem weiteren langen und nassen Marsch betraten wir eine dritte Höhle dieses Höhlensystems, in der ein Teil der Decke eingestürzt war und ein Sonnenstrahl einen rundlichen Raum erhellte. Er war einerseits riesig, fühlte sich aber auch ganz behaglich an. Enorme Felsen waren über den gesamten Höhlenboden verstreut. Wir setzten uns zwischen diese Felsbrocken und fühlten uns wie in einem kleineren, intimeren Raum.

Ich und auch andere Leute hatten bei diesen Felsen ein ganz merkwürdiges Gefühl. Die Frau neben mir sah zutiefst beunruhigt aus und meinte zu mir: »Drunvalo, schau dir mal diese Felsen an! Sie sehen aus wie Tiere und Vögel, als wären sie lebendig!«

Ich sah mir einen dieser Steine in meiner Nähe etwas genauer an. Tatsächlich, sie hatte recht: Es schien, als habe ein wirklich talentierter Künstler einen zwei Meter langen Leguan in Stein gehauen, der bis in alle Einzelheiten echt aussah. Der große Fels darunter verbarg die Form eines Gorillas, der Fels daneben sah wie ein junger männlicher Affe aus. An den Wänden waren menschliche Gesichter, Maya-Gesichter, die direkt aus dem Fels zu wachsen schienen. Jeder Felsen wirkte auf die eine oder andere Weise wie ein Lebewesen. Es war atemberaubend, und mir fehlten momentan die Worte.

Schließlich antwortete ich: »Das ist wirklich sehr ungewöhnlich.« Aber ich fühlte dasselbe wie sie: dass dies hier nicht die normale Realität war. Selbst die Luft, die wir atmeten, war von einer gewissen Energie durchdrungen.

Meine Gedanken über diese lebendig wirkenden Formen und die Energie wurden plötzlich unterbrochen, als Don Alejandro, der nach der letzten Zeremonie verschwunden war, jetzt auf einem kleinen Granitsims etwa fünf Meter über einer Höhlenwand saß. Mein erster Gedanke war: »Wie ist er da bloß raufgekommen?« Es schien unmöglich zu sein. Dann merkten auch andere Mitglieder der Gruppe, dass Don Alejandro uns beobachtete.

Stille breitete sich aus; wir warteten darauf, dass er etwas sagte. Ein Mann schlug sanft auf einer Trommel, es klang, als wollte er Don Alejandro den steinernen Lebensformen, die aus den Wänden herauswuchsen, vorstellen. Don Alejandro griff das auf; seine Worte schienen von den seltsamen, im Fels wohnenden Tieren und Menschen zu kommen:

Lasst die Trommel erklingen. Danke, Vater im Himmel, du hast uns erlaubt, dich hier zu besuchen, um deine Schönheit und Herrlichkeit zu bewundern, die in dir und deinem Schoß wohnende Liebe zu sehen und zu spüren. Danke, Mutter. Wir sind hierher gekommen, um Frieden und Ruhe und Liebe zu erbitten – Liebe zu uns, zu unseren Kindern und Kindeskindern, Liebe für zukünftige Generationen, die gesamte Welt, die Regierenden und die Regierten; wir alle sind von gleichem Wert.

Vater im Himmel, ich habe eine sehr große Bitte an dich: keine Kriege mehr; keine Atomtests mehr; keine Umweltverschmutzung mehr. Ich bitte dich um Respekt für unser Leben, Respekt für alle Lebewesen, die die Erde bevölkern.

Meine uralten Bäume sterben. Meine Brüder, die Tiere, werden ausgerottet. Diese wunderschönen Tiere mit ihrer wunderschönen Haut, sie kommen hierher und versuchen zu tanzen, meine Brüder, sie alle fliegen mit wunderschönen Federn – lass diese Schönheit zurückkommen. Erlaube meinen Brüdern, den Tieren, in den Flüssen und Seen und Ozeanen zu leben. Wir bitten dich, Vater im Himmel, lass sie noch einmal zurückkommen.

Wir nähern uns der Zeit, in der wir die Welt der Sonne betreten. Es wird Veränderungen geben; dann werden wir verstehen, dass wir alle Brüder und Schwestern sind. Die Menschen bitten um Freiheit, und auch meine tierischen Brüder wollen frei sein. Diese wunderschönen Berge sind die Städte meiner Brüder, der Tiere; jetzt werden sie ausgerottet.

Was ich in meiner Seele am meisten spüre: Über fünfhundert Jahre der Zerstörung erfordern über tausend Jahre des Wiederaufbaus. Doch Mutter Natur ist unsere Lehrerin. Sie zeigt uns, dass tierische

Brüder ohne Väter geboren werden. Und das wird auch für zukünftige Generationen so sein. Selbst wenn Millionen von ihnen getötet werden, werden sie zurückkommen. Auch bei uns ist es so: Unser Körper wird beerdigt oder von Tieren aufgefressen, doch der Geist wird wiedergeboren.

Wir sind also eins. Die Prophezeiungen der ewigen Maya erfüllen sich. Ich fühle mich sehr geehrt, diese Gruppe hier zu sehen. Es erfüllt mich mit Freude. Ihr habt die Kogi und die Arhuaco aus der Sierra Nevada, Santa Marta, Kolumbien, hierher geführt; auch die Brüder aus dem Norden [Großvater Eric von den Hopi], aus Europa, Asien und Ozeanien sind gekommen, damit die Prophezeiungen der Maya sich erfüllen mögen.

Ihr nördlich der Mitte [Mittelamerika], schließt Frieden mit dem Adler des Nordens und dem Condor des Südens, denn wir sind eins, wie die Finger einer Hand.

Ich danke meinem Bruder Drunvalo und meiner Schwester Diane. Wie ich sehe, habt ihr eine sehr anstrengende, schwierige Aufgabe. Meine Brüder und Schwestern, die ich getroffen habe, so wie Adam und Carmen. Ich erwähne ihre Namen, weil ich sie kennengelernt habe, aber jetzt sind wir euch auch begegnet. Wir sind alle Brüder und Schwestern.

Wir sind hier, im Schoß von Mutter Erde. Hier ist das Zentrum, nach dem der Oberste der Maya-Ältesten gesucht hat. Und hier sind wir. Schaut euch gut um; ihr seht einen Jaguar mit geöffnetem Maul. Ihr könnt hier so vieles sehen. Aber wir brauchen hier noch mehr Zeit, auch tagsüber, wenn das Licht hereinscheint. Ihr werdet sehen, dass alles von Tieren und allen möglichen Figuren bedeckt ist. Sie sind in Stein gemeißelt.

Dank an euch, meine Brüder und Schwestern.

Als Don Alejandro mit seiner Rede fertig war, schaute er auf die Menschen direkt unter ihm und bat Rafino, zu ihm emporzuklettern. Rafino kletterte ein Stück hinauf, bis sein Kopf auf Höhe des Steinsimses war, auf dem Don Alejandro saß. Don Alejandro steckte die Hand in den Felssims, der offensichtlich voller Wasser war, und goss eine Handvoll Wasser über Rafinos Kopf. Das wiederholte er dreimal. Ich hatte keine Ahnung, warum er das tat. Ich sah einfach zu.

Dann zeigte Don Alejandro auf ein Mitglied der Gruppe der Weltvertreter, bat ihn heraufzuklettern und wiederholte die Zeremonie mit ihm. Wir alle schauten einfach zu, fragten uns, was das bedeuten sollte. Don Alejandro bat jeden Einzelnen von uns nacheinander zu sich hoch.

Auf einmal wussten wir alle in unseren Herzen, was hier passierte. Don Alejandro vollzog mit uns eine Wasserzeremonie der Maya; es war eine Art Initiation. Die Energie im Raum drang tief in unsere Herzen. Was auch immer er bei uns gesucht hatte, er musste es gefunden haben. Ich begann zu weinen, ich konnte gar nicht anders. Ich sah mich um, und fast alle weinten. In diesem Augenblick waren wir *eines* Herzens.

Als wir später wieder in einem Städtchen in Guatemala beim Abendessen zusammensaßen, winkte mich Don Alejandro herüber, damit ich mich zu ihm, seiner Frau Elizabeth und Rafino an den Tisch setzte. Er schaute mir in die Augen und sagte: »Wir haben zwei andere Gruppen aus aller Welt zu dieser Zeremonie gebeten, um die Prophezeiung zu erfüllen, aber sie haben die Prüfung, die ihnen von Pachamama (Mutter Erde) auferlegt wurde, nicht bestanden. Ich möchte dir sagen, dass diese Gruppe alle unsere Erwartungen übertroffen hat. Ihr seid die Ahnen, auf die wir gewartet haben.«

Mir war nicht klar, was er damit meinte, aber er und Rafino fingen beide an zu weinen. Elizabeth mit ihrer weiblichen Stärke schaute mich an und ergänzte: »Danke! Bitte teile allen Mitgliedern der heiligen Gruppe mit, dass sie die ›*Einen*‹ sind, auf die wir gewartet haben; jetzt kann sich unsere Prophezeiung erfüllen.«

6. Kapitel

Die positive Seite der Maya-Prophezeiungen

Die Maya sind der Meinung, dass sich ein uralter, langer Zeitzyklus seinem Ende nähert; er umfasst zum einen den 5125 Jahre langen Zyklus der Langen Zählung nach dem Maya-Kalender und zum anderen die Präzession der Erdachse von 25.625 Jahren. Sie sagen voraus, dass die alte Welt, in der wir jetzt leben, kurz davor ist, sich aufgrund natürlicher Ursachen aufzulösen und zu zerfallen.

Das bedeutet: Alles, was für uns »normal« ist, wird sich drastisch verändern. Wie wir bereits gehört haben, ist vom Weltuntergang 2012 die Rede, basierend auf der Vorstellung der physischen Polverschiebung der Erdachse und der Gefahr der Ausrottung der Menschheit.

Sehr wahrscheinlich wird die Geburt der neuen Menschheit mit Gewalt einhergehen; das ist fast immer der Fall. Doch daran können wir nichts ändern; das ist der Verlauf des natürlichen kosmischen Zyklus. Wir werden diese Verschiebung überleben, denn dieser Teil der Reise dreht sich lediglich um das Ende unserer alten Welt.

Am nächsten Tag, dem 22. Dezember 2012, beginnt ein neuer Zyklus, ein Zyklus, der außergewöhnlich ist und anders als alles, was die Maya vorher erlebt haben.

Vor nicht allzu langer Zeit lebte ich eine Weile in Kolumbien in der Sierra Nevada bei den Kogi Mamos und den Arhuaco Mamos. Die Angehörigen dieser Stämme glauben an die Existenz von insgesamt neun Welten; ihrer Überzeugung nach stehen wir vor dem Eintritt in die fünfte Welt. Auch die indianischen Ureinwohner der Vereinigten Staaten und von Kanada vertreten diese Auffassung.

In Kolumbien sagte ich zu den Kogi Mamos: »Wir müssen also fünf weitere Welten betreten, um die höchste Bewusstseinsebene zu erreichen.«

Ihre Antwort darauf werde ich nie vergessen. Einer von ihnen drehte sich herum, schaute mich einen Augenblick lang an und sagte: »Nein, nein, du verstehst das nicht, Drunvalo. Alles im Leben dient dazu, ins Gleichgewicht zu kommen. Die fünfte Welt befindet sich in der Mitte, mit vier Welten auf jeder Seite. Das ist das perfekte Gleichgewicht im Universum. Es gibt keine höhere Welt.«

Die Maya sagen etwas Ähnliches: Die nächste Welt, die sie »die sechste Sonne« nennen (ausgehend von Null) sei eine Welt, in der die Menschheit eine neue Bewusstseinsebene erreichen wird, und zwar sehr, sehr schnell. Dank dieser neuen Bewusstseinsebene werden wir die äußere Realität anders interpretieren, so wie sich auch unsere innere Realität dadurch verändern wird. Wir sind dann buchstäblich Neugeborene in einer schönen neuen Welt.

Der neue Zyklus beginnt rein technisch betrachtet am 22. Dezember 2012, manifestiert sich aber irgendwann im Lauf des Zeitfensters des *Endes der Zeit*. Das dualitätsbasierte Bewusstsein bzw. das Bewusstsein von Gut und Böse verschwindet, und unsere alte Wahrnehmung wird abgelöst von einem neuen Einheitsbewusstsein des Goldenen Schnitts. Es gibt kein menschliches Ego mehr, und wir betrachten uns gegenseitig als Teil unserer selbst. Wir sind für immer verändert.

Wenn sich dieses neue Einheitsbewusstsein entfaltet, wird die Quarantäne der Menschen, ihre Beschränkung auf das Sonnensystem, die seit Jahrtausenden existiert, durch die kosmische Gnade des Großen Geistes aufgehoben, und die Menschen werden erkennen, dass die Sterne und alles Leben überall engstens miteinander in einem lebendigen Bewusstsein verbunden sind. Nach Überzeugung der Maya können wir dann überall im Universum in Raum, Zeit, Dimension und Größe sein. Derzeit liegt eine solche Realität noch außerhalb unserer Vorstellungskraft.

Gemäß den Prophezeiungen der Maya wird das Potenzial der Menschheit Höhen erreichen, die uns derzeit noch absolut unmöglich erscheinen. Diese neue Menschheit wird sehr schnell als Maß des Normalen und als die Wahrheit akzeptiert werden. Aus unserer gewöhnlichen menschlichen Perspektive betrachtet werden die Menschen dann nichts mehr mit Finanzen, Politik, Krieg, Ernährung, Öl und Ähnlichem zu tun haben. Wir werden eins mit dem Schöpfer und können alles aus dem Herzen heraus manifestieren. Wir werden zu Mitschöpfern des Schöpfers.

Denkt an diese Zeit und denkt an die Maya und erkennt: Was auf uns zukommt, ist schön und heilig – etwas das wir voller Dankbarkeit feiern sollten. Oder wie Meher Baba einmal sagte: »Don't worry, be happy. – Mach dir keine Sorgen, sei glücklich.« Das ist definitiv die beste Lebensweise in dieser Zeit. Atmet aus dem Herzen heraus. Das Leben ist nicht so, wie es aussieht, ja es ist nicht einmal annähernd das, was unsere Eltern größtenteils für wahr gehalten haben. Wir stehen kurz vor einer fantastischen Odyssee, auf der wir uns daran erinnern, wer wir wirklich sind.

Wir leben in einem Traum, den unser mentaler Geist in die sogenannte Wirklichkeit kristallisiert hat, welche wir für etwas Festgelegtes halten, das sich nur entsprechend den physikalischen Gesetzen verändern kann.

Nach Überzeugung der Maya werden wir schon bald einen Teil unserer selbst kennenlernen, der uralt ist und Sterne und Planeten überschreitet. Auch sie sind nur ein Traum – und wie beim Träumen erkennen wir beim Aufwachen, dass der Traum nichts als Licht – oder noch besser: nichts als reines Bewusstsein – war.

In dieser Zeit werden wir uns daran erinnern, wer wir wirklich sind. Dieses Wissen ist in unserem Herzen sehr lebendig, und wir werden uns daran erinnern. Alles ist vorbereitet, und unsere neue Welt ist jetzt bereit, uns zu empfangen.

In La'k'esh.

Teil II

Die Geburt
einer neuen Menschheit

7. Kapitel

Die Ägypter

Was ist damit gemeint, dass alles vorbereitet ist?

Um Ihrer Erinnerung an das Alte ein wenig nachzuhelfen, werde ich Ihnen jetzt eine lange, schöne Geschichte über etwas erzählen, das heutzutage auf der Erde fast niemand weiß, sich aber auf jeden einzelnen Menschen auf diesem Planeten, auch Sie, unmittelbar auswirkt. Die Geschichte hat mit der Präzession der Erde von 25.625 Jahren und der Langen Zählung des Maya-Kalenders von 5125 Jahren zu tun. Davon war ja bereits die Rede, doch jetzt betrachten wir diese Geschichten einmal nicht aus Sicht der Maya, sondern mit den Augen der alten Ägypter. Denn die Ägypter haben das, was in dieser Geschichte passiert, geschaffen, und nur sie können die wahre Geschichte erzählen.

Jahrtausendelang war das, worum es in dieser Geschichte geht, vor den Augen der Welt verborgen worden, doch die Aufgestiegenen Meister und auch andere wissen alles darüber. Es gibt Geheimbünde bei den tibetischen Buddhisten, den Sufis, manchen Freimaurern und auch bei ein paar Hindu-Gruppen; doch die großen Religionen haben keine Ahnung, worüber wir hier reden, ebenso wenig die meisten »Normalsterblichen«.

Die Wissenschaft beginnt gerade erst zu verstehen. Da dies wahrscheinlich etwas ist, von dem Sie nichts wissen, müssen Sie wohl mit mir dranbleiben. Sie haben es nicht in der Schule gelernt, obwohl es jetzt gerade durch Wissenschaftler bestätigt wurde.

▶ Geflügelte Maat

In Ihrem Herzen sind Ihnen diese Informationen bereits sehr, sehr gut bekannt, aber sie sind in Vergessenheit geraten. Was Sie jetzt hören, soll also nicht etwa lehrreich sein, sondern vielmehr Ihre Erinnerungen wachrufen. All das haben Sie vor langer, langer Zeit selbst erlebt, und Sie wissen genau, wovon hier die Rede ist. Das sollten Sie nicht vergessen. Lassen Sie, wenn Sie diese Worte hören, innerlichen Wandel zu – sonst geht das große Geheimnis, das Ihnen vermittelt werden soll, an Ihnen vorbei.

Die vergessene Geschichte und das Gitternetz des menschlichen Einheitsbewusstseins

Die Geschichte nahm in einem Land namens Atlantis ihren Lauf. Ich weiß, die Wissenschaftler zweifeln noch, ob es Atlantis jemals gegeben hat, obwohl beispielsweise Plato der Ältere aus Griechenland davon überzeugt war.

Wir haben keine endgültigen Beweise, dass Atlantis im Meer versunken ist. Doch auch heute noch gibt es Menschen, die sich daran erinnern, zum Beispiel die Hopi aus Arizona, USA, die mir persönlich erzählten, sie hätten in Atlantis gelebt. Auch die Kogi und die Arhuaco behaupten dies. Ich habe sogar einmal einen mongolischen Schamanen kennengelernt, der mir sagte, sein Stamm erinnere sich, in Atlantis gelebt zu haben, und sogar daran, wie sie von Atlantis in die Mongolei gelangt seien. Die Menschen, die sich erinnern, verstecken ihre Erinnerungen in den Geschichten, die sie ihren Kindern erzählen, und in den Herzen ihrer Schamanen.

Und auch die Maya erzählen davon, in Atlantis gelebt zu haben. Es gibt Belegmaterial über Maya-Steine, die in einem Tempel in Yucatan gefunden wurden – Material, das darauf hinweist, dass die Maya vor Jahrtausenden tatsächlich in Atlantis lebten. Diese Maya-Steine, das sogenannte Troano-Manuskript (Teil des Madrider Kodex), werden derzeit im Museo de América in Madrid, Spanien, aufbewahrt.

Auf diesen Steinen ist eine alte Stadt in Atlantis zu sehen; sie zeigen, wie an einem einzigen Tag die Erde zu beben begann und Vulkane ausbrachen. Die Maya bestiegen ihre Boote und ruderten von Atlantis ins heutige Yucatan in Mexiko, was nicht so weit vom südwestlichen Atlantis entfernt lag. Für sie ergab es einen Sinn, sich in Sicherheit zu bringen und dorthin zu rudern.

Auch heute noch leben Menschen, die sich an das alte Atlantis erinnern; von diesen modernen Stämmen und den alten Ägyptern stammen die meisten dieser Informationen.

Zur Zeit von Atlantis hatten die Menschen einen sehr hohen Bewusstseinszustand entwickelt – höher als wir es uns für die Menschheit überhaupt vorstellen können. Und doch hatten wir diese hohe Bewusstseinsebene erreicht; wir hatten die Fesseln der Schwerkraft überwunden, unsere Körper waren in der Lage, zu schweben, wir konnten mit Raumschiffen das Sonnensystem erforschen. Wie gesagt, das klingt fast unglaublich.

Allerdings hatten nicht einmal tausend Menschen diesen hohen Entwicklungsstand erreicht. Die meisten normalen Bewohner von Atlantis waren auf einem Bewusstseinsniveau, das mit unserem 21. Jahrhundert vergleichbar ist; zwischen diesen Menschen und den sehr hoch entwickelten Wesen standen die Maya.

Die Maya dienten sozusagen als Übersetzer zwischen den normalen Atlantern und den Trägern dieses sehr hohen Bewusstseins, genannt die Nakkal. Sie lebten in völliger Dunkelheit in Pyramiden, schwebten ein paar Zentimeter über dem Boden und leuchteten im Dunkeln, wodurch die Pyramiden erhellt wurden. Sie waren die lebendigen Träumer, welche die äußere Realität aus Träumen ihres Herzens erschufen. Die Maya waren die Priesterschaft, die durch Zeremonien die Mitteilungen dieser inneren Gruppe sehr hoch entwickelter Wesen für die normalen Menschen in Atlantis übersetzten.

Viele Jahrtausende lang ging alles gut, bis etwa 4000 Jahre vor dem Untergang von Atlantis ein Meteorit am Nachthimmel auftauchte und auf der Erde einschlug, knapp an den westlichen Küsten von Atlantis vorbei, ganz in der Nähe der heutigen Ostküste der Vereinigten Staaten. Bevor er auf dem Meer aufschlug, zerbrach er in drei Teile.

Die drei Teile versanken im Ozean, und dadurch entstanden drei riesige, tiefe Löcher am Rand von Atlantis. Dort, wo heute die Oststaaten der USA liegen, regneten kleinere Meteoritenstücke ab; sie sind bis heute in vielen der südöstlichen amerikanischen Bundesstaaten zu finden.

Eines dieser drei Meteoritenstücke schlug sehr nah bei Atlantis ein und destabilisierte den atlantischen Kontinent; er befand sich nun am Rand eines riesigen Abgrunds. 4000 Jahre später bzw. vor nicht ganz 13.000 Jahren fand auf der Erde eine Polverschiebung statt. Der Kontinent von Atlantis konnte dieser sehr starken Bewegung nicht standhalten, und da er so nahe an diesem Riesenloch in der Erde lag, versank er im Meer.

Die hoch entwickelten Nakkal wussten mindestens 200 Jahre vor dieser Katastrophe, dass ihr Kontinent im Meer versinken würde, und so waren sie darauf vorbereitet.

Die Mer-Ka-Ba-Pyramide des alten Atlantis

Eine Gruppe von Atlantern, bestehend aus Wissenschaftlern, die möglicherweise fehlgeleitet waren, erbaute eine sehr große Steinpyramide. Sie befindet sich in den Tiefen des Meeres vor der Küste von Bimini. Diese Pyramide wurde inzwischen von modernen Wissenschaftlern entdeckt, ebenso die zu ihr führenden Unterwasserstraßen; anhand dieser Funde wollen sie nun die Existenz von Atlantis nachweisen. Genau diese Pyramide ist die Quelle eines Großteils des gegenwärtig erlebten Chaos.

Diese Gruppe aus sieben Wissenschaftlern erbaute die Pyramide zu einem ganz bestimmten Zweck: Sie wollten ein Mer-Ka-Ba-Feld erzeugen.

Die Mer-Ka-Ba wird normalerweise als der Lichtkörper des menschlichen Körpers betrachtet, doch die Blaupause dieses Energiefeldes kann auch synthetisch zur Energieversorgung von Raumschiffen und sogar für Bauwerke wie Pyramiden zum Einsatz kommen.

Ihre Absichten waren allerdings selbstsüchtig. Sie wollten die Kontrolle über den Kontinent Atlantis und letztlich die ganze Welt gewinnen. Doch ihr letzter Versuch, ein Mer-Ka-Ba-Feld zu erzeugen, lag 50.000 Jahre zurück. Also wussten sie nicht genau, wie sie es tun sollten, und verloren die Kontrolle über die experimentelle Mer-Ka-Ba.

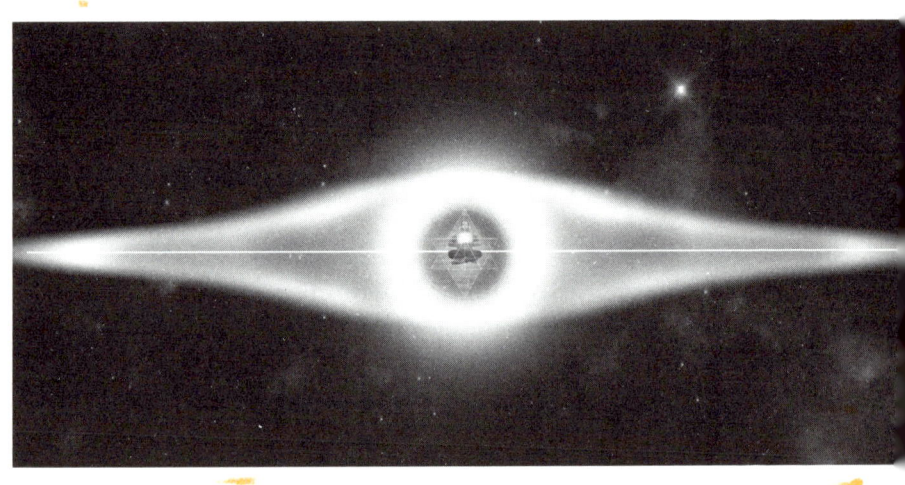

▶ Mer-Ka-Ba-Feld

Es passierte etwas Furchtbares. Die Mer-Ka-Ba enthält die Blaupause des Universums, und durch das Experiment kam es zu einem Spalt zwischen der dritten und vierten Dimension, wodurch die Menschen einer Bewusstseinsebene und Bewusstheit ausgesetzt waren, auf die sie nicht vorbereitet waren. Wesen von anderen Existenzebenen wiederum wurden dadurch in eine Existenz in der dritten Dimension der Erde gezwungen. Diese Wesen hatten keine Wahl; um zu überleben, mussten sie einen menschlichen Körper übernehmen, und so kam es, dass praktisch alle Atlanter besessen waren.

Das war für beide Seiten eine schlimme und schmerzliche Angelegenheit und endete in einer Katastrophe von einem Ausmaß, das wir modernen Menschen bislang nicht erlebt haben. Der Zweite Weltkrieg war nichts dagegen. Die letzten paar Jahrhunderte von Atlantis waren die Bewohner krank, starben und waren von diesen Wesen aus anderen Welten befallen.

Die Nakkal und die Aufgestiegenen Meister beschlossen, dass etwas unternommen werden müsse. Sie stellten eine bewusste Verbindung zum Zentrum unserer Galaxie her und erhielten die Erlaubnis, etwas äußerst Seltenes zu tun. Wir hatten ja bereits diesen hohen Bewusstseinszustand auf natürliche Weise erreicht, und so entschied sich das Galaktische Kommando, der Erde zu erlauben, das Gitternetz des Einheitsbewusstseins, das durch den Spalt zwischen den Dimensionen zerstört worden war, wieder aufzubauen, damit die Menschheit schließlich erneut diese hohe Bewusstseinsstufe erreichen könnte.

Vor dem Fall

Die Nakkal und die Aufgestiegenen Meister wussten um den Untergang, und so wählten sie drei ihrer Mitglieder als Leiter eines sehr riskanten Experiments. Sie hatten nichts zu verlieren – wenn sie nichts täten, müsste die Menschheit ganz von vorne anfangen und bräuchte mindestens 200.000 Jahre, um auf das bereits einmal erreichte Niveau zu kommen.

Drei Männer spielten in dieser ganzen Geschichte eine herausragende Rolle; sie entwickelten einen Plan, der die Menschheit auf eine höhere Bewusstseinsstufe zurückführen sollte. Sie hießen Chequetet Arelich Vomalites, Ra und Araragat, alle drei Aufgestiegene Meister, unsterbliche Wesen, die durch die Nakkal arbeiteten. Alle Nakkal waren Aufgestiegene Meister, die sich dafür entschieden, in einem physischen Körper auf der Erde zu bleiben.

Diese drei Männer wollten etwas unternehmen, das im Universum bislang äußerst selten versucht worden war. Um unser höheres Bewusstsein wieder für uns zugänglich zu machen, errichteten sie aus einem ganz bestimmten Grund, über den wir später noch sprechen werden, eine Konstruktion mitten im Nirgendwo. Dieser Ort liegt im heutigen Ägypten, und bei dem Gebäude handelte es sich um die Große Pyramide von Gizeh.

Die Pyramide wurde vor dem Untergang von Atlantis errichtet. Die drei Meister mussten dieses Bauwerk vorher manifestieren, denn es war mehr als ein Bauwerk – es war eine globale Landmarke.

Laut Chequetet Arelich Vomalites wurde die Große Pyramide von Gizeh nicht durch physische Arbeit, sondern durch Bewusstsein erbaut, und zwar innerhalb von Stunden und, was noch verrückter ist, von oben nach unten.

Als ich diese Informationen in den 1990er-Jahren der ägyptischen Regierung zur Verfügung stellte, hielten sie mich für verrückt. Aber um auf Nummer sicher zu gehen, ließen sie wissenschaftliche Untersuchungen durchführen. Der Mörtel zwischen den Steinen wurde mit Hilfe der Radiokarbonmethode von oben nach unten datiert: Unerklärlicherweise ergab sich tatsächlich, dass oben die ältesten und unten die jüngsten Steine waren. Sie konnten meine Aussage also nicht widerlegen. Aber da sie keine Erklärung dafür hatten, wurde es totgeschwiegen.

Zum besseren Verständnis: Die drei wollten nicht nur mit dieser einen Pyramide unser Bewusstsein zurückholen; das war nur der Anfang.

▶ Die Große Pyramide von Gizeh

Ursprünglich war ein ganzes Netz von Pyramiden, heiligen Stätten und den Kirchen, Moscheen, Synagogen und Tempeln der Zukunft und aller Religionen auf der Erde geplant. Im Lauf von 13.012,5 Jahren (12.812,5 plus 200) sollte überall auf der Erde ein Netz aus solchen Bauwerken und natürlichen Landmarken errichtet werden, das ein globales geometrisches, elektromagnetisches Feld um die Erde herum erzeugen würde. Durch dieses Energiefeld der drei Alten sollte die Menschheit ihr höheres Bewusstsein wiedererlangen (bzw. aus unserer Sicht: aufsteigen).

Interessanterweise wurden diese Bauwerke im Lauf von nahezu 13.000 Jahren errichtet, der Gesamtplan dafür dagegen innerhalb weniger Stunden – und zwar nicht in dieser, sondern in der vierten Dimension, den höheren Frequenzen des Erdenbewusstseins, durch Bewusstsein und, so wie auch die Große Pyramide, von oben nach unten. Sobald diese Bauten in der vierten Dimension errichtet worden waren, wurden sie von den drei Männern langsam aus der vierten in die dritte Dimension heruntergezogen, und das dauerte Tausende von Jahren.

Das physische Pyramidensystem wurde weltweit von alten Stämmen und Kulturen errichtet. Ein gutes Beispiel sind die Pyramiden von Yucatan in Mexiko, die von den Maya erbaut wurden, wobei allerdings die Aufgestiegenen Meister die Bauarbeiten überwachten. Diese erstaunlichen Männer und Frauen, die denselben spirituellen Weg einschlugen, den auch Sie jetzt gehen, haben sich die Jahrtausende hindurch bis heute, da Sie diese Zeilen lesen, um die Errichtung dieses Bewusstseinsgitternetzes gekümmert.

So wie auch Sie es tun werden, haben sie ihr Leben gemeistert, den Tod überwunden und in einem Lichtblitz Unsterblichkeit erlangt. Die Aufgestiegenen Meister sind unsere Ahnen, die voller Weisheit über uns wachen und uns langsam zu einer höheren Wahrnehmung des Universums führen. Die Aufgestiegenen Meister haben überall auf der Welt die Bauarbeiten geleitet, beispielsweise beim Errichten der hundert massiven Pyramiden, die an den japanischen Inseln entlang errichtet wurden – der Anfang der uralten Wissenschaft der Geomantie, über die heute nur wenig bekannt ist.

Geomantie

Was haben die alten Kulturen mit der Errichtung dieser Pyramiden und Tempel auf der ganzen Welt beabsichtigt und wie konnte durch die Errichtung steinerner Bauten ein Energiefeld über der Erde erzeugt werden?

Dabei handelte es sich um eine fortgeschrittene Form der Wissenschaft, die heute Geomantie genannt wird – ein modernes Wort, für das man in Atlantis sicherlich einen anderen Namen hatte.

Ich würde Geomantie als die Anwendung von Steinen, Felsen, Kristallen oder Metallen bezeichnen, um den Energiefluss der Erde zu verändern. Wir tun das heute mit Computern: Wir steuern den Fluss der Elektrizität mit Objekten wie Dioden oder Kondensatoren, aber es funktioniert auch im größerem Maßstab, zum Beispiel mit der Erde.

Werden diese massiven Bauten an bestimmten Plätzen auf der Erde errichtet, verändern sie den inneren Energiefluss der Erde; Beispiele dafür sind geopathische Linien oder die sogenannten Hartmann-Linien, die den äußeren Energiefluss über der Erde beeinflussen. Geopathische Linien entstehen unter anderem durch Vulkane und deren Lavaströme, den Druck der tektonischen Platten oder auch den Druck des Meeres. Die Hartmann-Linien stellen natürliche Energieströme in Form eines Musters aus Gitternetzlinien dar, die fast die ganze Erde bedecken.

Wie bereits gesagt, möchte ich nochmals darauf eingehen, wo genau die Große Pyramide errichtet worden ist. Die alten Ägypter schafften es irgendwie, den exakten Mittelpunkt der Landmasse der Erde zu berechnen. Wird genau dort ein Bau wie die Große Pyramide platziert, hat dieser Bau eine Schlüsselposition inne, durch die der Energiefluss in und über der Erde verändert werden kann. Und wenn 83.000 andere Plätze weltweit mit genau dieser Großen Pyramide in Verbindung stehen und das Ganze als Einheit fungiert, sind Dinge möglich, die wie Wunder erscheinen.

Die Ägypter erschufen also ein neues Gitternetz des Einheitsbewusstseins – genau das natürliche Gitternetz, das in Atlantis verloren gegangen war. Und wir wissen ja: Durch die Zerstörung dieses Gitternetzes fiel die Menschheit in die Dunkelheit und Dichte der modernen Welt zurück – das ist der »Sündenfall«, von dem in der Bibel der Christen die Rede ist.

Eben dieses Gitternetz wird uns aus der Dunkelheit erretten und zurück ins Licht führen. Wir brauchen dieses Gitternetz, damit wir wieder auf eine höhere Bewusstseinsebene aufsteigen können. Die Aufgestiegenen Meister kümmern sich darum, dass wir wieder zu ihnen stoßen können. Wir sind ihre Sonnenbrüder und Sonnenschwestern, und sie werden uns niemals ihre Hilfe verweigern, bis wir auf der Ebene reinen Lichts existieren können. Ohne dieses Gitternetz des Einheitsbewusstseins um die Erde herum sitzen wir in dieser dritten Dimension fest und sind von allem anderen Leben abgeschnitten. Wir können nicht zur Freiheit unseres höheren Bewusstseins zurückkehren. Es ist unmöglich.

Auslöschung der Menschheit?

Vor hundertzwölf Jahren, zu Beginn des zwanzigsten Jahrhunderts, war die Wissenschaft der Meinung, es gebe ungefähr dreißig Millionen verschiedene lebende Spezies auf der Erde, die sich über etwa 4,6 Milliarden Jahre – hier gehen die Meinungen auseinander – bis dahin entwickelt haben. Doch in den letzten hundertzwölf Jahren haben wir aufgrund unseres sinkenden kollektiven Bewusstseins unglaublich schnell sehr viele dieser lebenden Spezies durch menschliches Tun ausgerottet. Inzwischen gibt es auf der Erde nur noch vierzehn bis fünfzehn Millionen Spezies, täglich werden es weniger. Tag für Tag werden neue Arten ausgelöscht. Inzwischen ist anscheinend über die Hälfte der Lebensformen auf der Erde ausgerottet und verschwunden, und zwar wahrscheinlich für immer.

Wenn wir es auf die nächste Existenzebene, also diese höhere Bewusstseinsstufe, schaffen, hat all das ein Ende. Wir werden dann in der Lage sein, den Schaden, den wir die letzten hundertzwölf Jahre angerichtet haben, wiedergutzumachen.

Es gibt zwei Möglichkeiten, und fast alle indigenen Stämme, mit denen ich weltweit gesprochen habe, sind sich hier einig: Entweder wir töten diesen Planeten und alles Leben darauf, einschließlich uns Menschen; wir zerstören diese liebe Erde.

Oder wenn wir Erfolg haben – und ich bin mir sicher, dass es uns gelingen wird –, wird das Leben nicht nur für die Menschheit, sondern für alles Lebendige auf diesem Planeten weitergehen.

Bewusstseinsgitternetze

Jede dieser dreißig Millionen Spezies braucht ihr eigenes geometrisches, elektromagnetisches Feld, das sich um die gesamte Erde erstreckt – ein Bewusstseinsgitternetz –, damit sie auf der Erde leben kann. Alle diese Bewusstseinsgitternetze sind einmalig und einzigartig, so wie keine Schneeflocke der anderen gleicht.

Die Geometrie des individuellen Gitternetzes einer jeden Gattung spiegelt exakt die Geometrie, Gestalt und Form des physischen Körpers der jeweiligen Lebensform wider. Man kann beispielsweise sehr schnell erkennen, dass ein bestimmtes Insekt eine ganz bestimmte Geometrie aufweist.

Drei der vierzehn oder fünfzehn Millionen Bewusstseinsgitternetze, die es noch auf der Erde gibt, sind der menschlichen Spezies zugeordnet. Das heißt, es gibt drei verschiedene Arten von Menschen auf der Erde, von denen jede die Realität unterschiedlich wahrnimmt.

Das Gitternetz der Urbevölkerung

Das erste ist das Gitternetz der Urbevölkerung der Erde, beispielsweise der Aborigines in Australien. Auf der ganzen Welt leben kleine Gruppen dieser Menschen, die nach wie vor auf dem ursprünglichen Gitternetz leben, das es vor den modernen Menschen gab.

Zeigt man einem Aborigine aus Australien ein Foto, wird er lediglich Farben und Formen sehen, aber nicht das eigentliche Bild, denn die Aborigines haben ein anderes Bewusstsein als wir.

Über das Gitternetz der Aborigines wissen wir nur sehr wenig. Es war das erste menschliche Gitternetz, und die Wissenschaftler kennen nicht einmal seine Grundform, geschweige denn seine geometrische Gestalt.

Das Gitternetz der modernen Menschen

Über das zweite menschliche Gitternetz, welches die Bewusstseinsebene unserer industriellen Welt abbildet, wissen wir einiges. Es soll die Form eines Rhombentriakontaeders haben, eine sehr spezielle Verbindung aus einem Ikosaeder und einem Pentagondodekaeder.

Dieses Gitternetz geht um die ganze Welt; an bestimmten Stellen kreuzen bzw. überschneiden sich die Gitternetzlinien, und an diesen Stellen befinden sich besondere Orte auf der Erde. Die Vereinigten Staaten entdeckten wohl als Erste, dass dieses elektromagnetische Gitternetz die Welt umspannt, aber auch Russland war an dieser Entdeckung beteiligt. Interessanterweise sind die Militärbasen zwischen Russland und den Vereinigten Staaten genau auf diesen Knotenpunkten verteilt.

Warum wohl? Weil beide Staaten wussten, dass dieses zweite Gitternetz das Bewusstseinsgitternetz eines Großteils der Erdbevölkerung darstellt und weil sie meinten, sie könnten durch die Kontrolle dieses

▶ Das Rhombentriakontaeder um die Erde herum

Gitternetzes auch die Menschheit unter ihre Kontrolle bringen. Aus militärischer Sicht ein ganz logischer Schritt, und das Wissen darum ist inzwischen schon sehr lange bekannt. Ich glaube, die ersten Entdeckungen wurden bereits in den 1960er-Jahren gemacht.

Das Gitternetz des Einheitsbewusstseins

Dann gibt es noch das dritte menschliche Gitternetz, das von Chequetet Arelich Vomalites, Ra und Araragat durch die Errichtung von heiligen Stätten auf der ganzen Welt mit einer speziellen Geomantie aufgebaut

▶ Das Gitternetz des Einheitsbewusstseins

wird. Das Gitternetz formt sich langsam um die Erde mit jeder neuen Stätte, die die drei errichten. Jede neue Pyramide und jeder neue Tempel verändert ein wenig die Gestalt des Gitternetzes über der Erde. Immer mehr ähnelt es einem Gitternetz, einer Mischung aus Ikosaeder und Pentagondodekaeder, anders als das moderne Gitternetz und in perfekter Position in einem ganz bestimmten Winkel.

Das Gitternetz des Einheitsbewusstseins wurde von Russland entdeckt. Ich bin sicher, sie haben ausgiebige Forschungen betrieben, wie das Gitternetz mit der nächsten Ebene menschlichen Bewusstseins zusammenhängt, denn genau darum geht es, und die Russen wissen das. Meines Erachtens wissen die Russen mehr über diese Dinge als alle anderen.

Auch ohne das Gitternetz des Einheitsbewusstseins könnten Sie zu einem Aufgestiegenen Meister werden, allerdings mit Einschränkungen. Sie wären an die Erde gebunden, bis alle Menschen die nächste Bewusstseinsebene erreicht hätten. Wir könnten als gesamte Rasse, als gesamter Planet diesen Schritt nicht vollziehen. Wir können erst weiterschreiten, wenn das dritte Gitternetz des Einheitsbewusstseins vollendet ist und atmet.

Und noch einmal der Goldene Schnitt

Damit das besser verständlich wird ... Die Unterschiede zwischen diesen drei Bewusstseinsgitternetzen, diesen drei Arten der Realitätswahrnehmung, haben auch mit dem Goldenen Schnitt zu tun.

Wie wir bereits gehört haben, versucht alles Leben immer, durch die Fibonacci-Folge dieses ganz besondere Verhältnis von 1,6180339 zu erreichen; das gilt aber ebenso für das Bewusstsein.

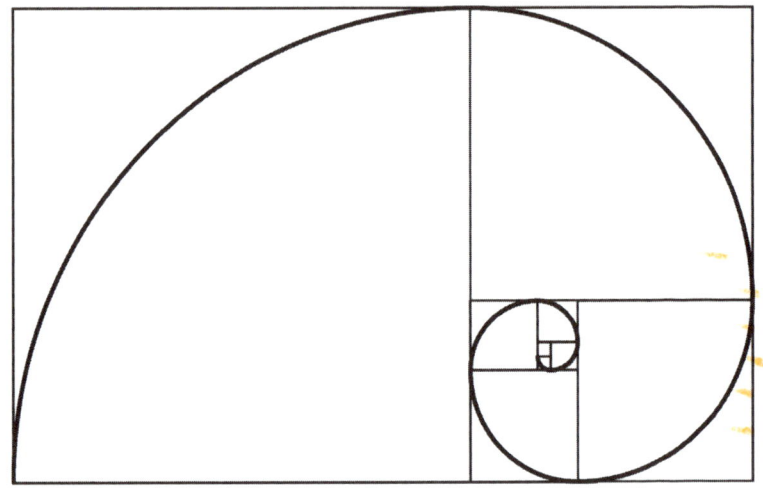

▶ Der Goldene Schnitt mit Spirale

Bewusstseinsebenen lassen sich in einem Verhältnis aus Quadrat und Kreis finden. Wenn der Umfang eines Quadrats und der Umfang eines Kreises genau identisch sind, ist der Goldene Schnitt erreicht. Das Leben nähert sich langsam und in Phasen dem Goldenen Schnitt, so wie bei den Körperproportionen, wovon schon die Rede war.

Das Gitternetz der Urbevölkerung liegt sehr nahe am Goldenen Schnitt, aber es ist nicht ganz perfekt. Und die Aborigines haben seit Zehntausenden von Jahren oder sogar noch länger eine gesunde, nachhaltige Beziehung zur Erde.

Das zweite, moderne Gitternetz ist weit vom Goldenen Schnitt entfernt. Deshalb sind wir modernen Menschen nicht im Einklang mit der Natur; daher töten wir unseren Planeten und haben mit unserem Tun die Hälfte der auf der Erde lebenden Spezies vernichtet. Es ist uns egal.

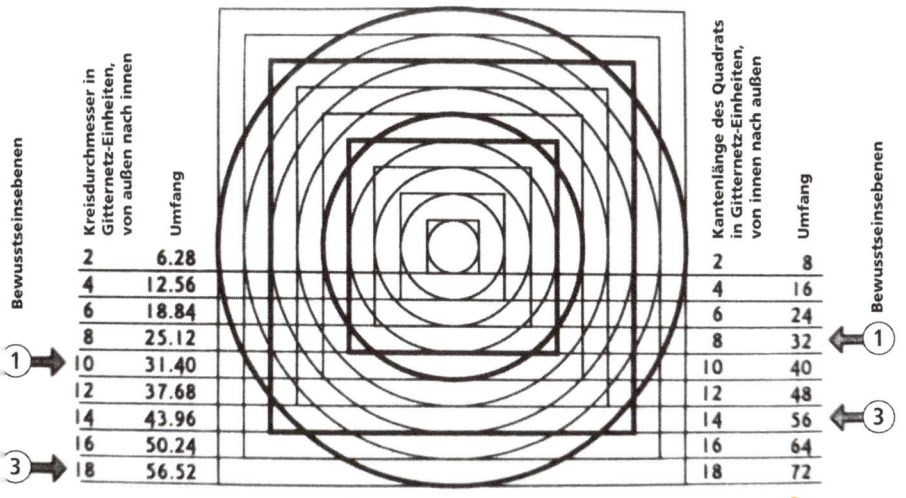

▸ Bewusstseinsebenen

Wir sind eigentlich als Übergangsstadium zwischen dem Bewusstsein der Urbevölkerung und der nächsten Bewusstseinsebene gedacht, die über dem menschlichen Bewusstsein liegt und »Einheitsbewusstsein« genannt wird. Wir sollten hier auf der Erde so wenig Zeit wie möglich verbringen und so schnell wie möglich zur nächsten Bewusstseinsebene aufsteigen. Wir sind eine Art Brückenbewusstsein, das uns von einer Seite auf die andere bringt. Die Ebene dieses zweiten Gitternetzes muss sein, sollte aber schnell transzendiert werden, sonst werden wir unweigerlich alles zerstören, womit wir in Berührung kommen.

Die nächste Ebene, die über dem menschlichen Bewusstsein steht, ist harmonischer als das Bewusstsein der Urbevölkerung; sie liegt viel näher am Goldenen Schnitt. Wenn wir diese Ebene erreichen, sind wir in der Lage, alle Probleme der Menschheit zu lösen. Von dieser Bewusstseinsebene aus können wir alles aus dem Innersten unseres Herzens erschaffen; Lösungen für Probleme, die aus der Perspektive unserer derzeitigen Bewusstseinsebene verwirrend und unlösbar erscheinen, sind auf dieser Ebene ganz einfach lösbar.

Dieses zweite Gitternetz basiert auf dem sogenannten Polaritätsbewusstsein. Dafür kursieren auf der Welt verschiedene Namen, es bedeutet aber schlicht, dass wir alles als schwarz oder weiß betrachten und ständig alles beurteilen. Jeder Mensch, dem wir begegnen, wird als gut, schlecht oder neutral beurteilt. Das ist das Wesen des Polaritätsbewusstseins. Diese Art von Bewusstsein stellt ein Problem dar, denn es erzeugt im Verstand ein Ego. Das Ego denkt nur an sich und nicht an andere Menschen, mit Ausnahme von jenen, die es liebt und die ihm nahestehen. Es ist nur sich selbst wichtig. Auf dieser Bewusstseinsebene befinden sich derzeit fast alle Menschen.

Normalerweise werden solche Bewusstseinsgitternetze über Hunderte oder Tausende von Jahren errichtet. Im Lauf unseres Lebens entwickeln wir uns langsam weiter und erbauen mit unserem Tun auf natürliche Weise das nächste Bewusstseinsgitternetz. Ist in den Zyklen der Zeit der richtige Zeitpunkt gekommen, steigen wir auf das nächste Gitternetz auf.

Das synthetische Gitternetz des Einheitsbewusstseins

Wir hatten diese Bewusstseinsstufe bereits einmal erreicht, deshalb ist es uns gestattet, sie wieder zu erreichen, allerdings synthetisch durch die Errichtung von Pyramiden und anderen Bauten, Strukturen und Tempeln in der ganzen Welt und nicht auf natürliche Weise in uns selbst.

Diese synthetische Möglichkeit, unser altes Bewusstseinsniveau wiederzuerlangen, ist zwar nicht natürlich, aber wenn sie funktioniert, kehren wir automatisch auf einen natürlichen Weg zurück. Dann übernimmt die Natur und hebt uns auf sogar noch höhere Ebenen, wenn die Zeit dafür gekommen ist; das liegt uns in den Genen.

Wir erhalten eine zweite Chance im Leben. Dieser synthetische Weg ist bereits lange vor dem Beginn unserer derzeitigen Zivilisation angelegt worden. Im alten Ägypten wurden Pyramiden erbaut in dem Versuch, ein höheres Bewusstsein zu erlangen. Die alten Ägypter benutzten auch physische Objekte wie Stangen, Haken und Flegel, die auf den Körper und die Wirbelsäule gelegt wurden, um die Person auf höhere Bewusstseinsebenen einzustimmen. Das alles war rein synthetisch. Alles was die letzten 13.000 Jahre passiert ist, geschah auf synthetische Weise, damit wir dorthin gelangen, wo wir jetzt sind.

Wenn wir das Einheitsbewusstsein erreicht haben, sind sämtliche Pyramiden und heilige Stätten nutzlos, wir können dann alleine weitergehen und brauchen keine Hilfe mehr. Wir werden frei sein. Auch das ist Teil der Maya-Prophezeiungen. Wir werden die Sicherheit unseres neuen Bewusstseins erreichen, und unsere Geburt in die höheren Welten hinein wird Wirklichkeit werden. Wir werden uns an unsere enge Verbindung zum Großen Geist erinnern, und von diesem Augenblick an wird die Natur übernehmen.

Die Menschheitsgeschichte

Vielleicht sollte noch etwas erklärt werden. Ich habe ja schon von den drei Männern gesprochen: Chequetet Arelich Vomalites, Ra und Araragat. Ra oder Araragat habe ich selbst nie getroffen; ich weiß, sie sind alte Aufgestiegene Meister, aber die Engel wollten, dass ich nur mit Chequetet zusammenarbeite.

Ungefähr vierzehn Jahre lang habe ich intensiv bei Chequetet Arelich Vomalites studiert und dabei viel über die Menschheit und ihre Geschichte gelernt. Chequetet war sehr lange König von Atlantis. Gemäß den Smaragdtafeln, die vor 2000 Jahren von Hermes Trismegistos aus dem alten Griechenland niedergeschrieben wurden, war Chequetet ein Aufgestiegener Meister, der den Tod überwunden hatte. Wie Hermes sagt, lebte Chequetet 52.000 Jahre lang als König von Atlantis; wenn das stimmt, sollte er über die Geschichte der Menschheit eine ganze Menge aus persönlicher Erfahrung wissen. Er war auch einer der lebenden Nakkal und lebt heute noch.

Sechstausend Jahre nachdem Atlantis im Meer versunken war, entwickelte sich die Zivilisation der Sumerer. Ein paar Jahrhunderte später entstand Ägypten. In diesem neuen Land nahm Chequetet den Namen Thot an. Thot wollte nicht der König von Ägypten sein – stattdessen übernahm er die Rolle des Schreibers, also der Person, die die Geschichte von Ägypten aufzeichnete.

Ich möchte noch einmal klarstellen: Die Engel, die ursprünglichen Lichtkugeln, führten mich zu Thot, und so gut wie alles, was ich über die Geschichte der Erde gelernt habe, stammt von ihm. Aber nicht nur von ihm. Thot war mit einer Frau namens Shesat verheiratet, auch sie war eine ägyptische Schreiberin und zeichnete die Geschichte so auf, wie sie sie erlebte. Shesat hat mein Geschichtsverständnis sogar noch mehr erweitert als Thot.

Laut Thot sehen und erleben Männer und Frauen Geschehnisse unterschiedlich. Um wirklich zu verstehen, was bei einem bestimmten Ereignis passiert ist, müssen wir es sowohl aus der männlichen als auch aus der weiblichen Perspektive betrachten.

Darauf möchte ich etwas näher eingehen, denn das gilt für so viele andere Phänomene, zum Beispiel für den Grund, warum wir eine Mut-

▶ Thot und Shesat als Hieroglyphe

ter und einen Vater haben. Jeder Elternteil hat unterschiedliche Sichtweisen, doch beide zusammen ergeben ein Ganzes, das der Wahrheit näherkommt, und dadurch hat das Kind bessere Überlebenschancen, kann das Leben besser verstehen, kann wachsen und nach höheren Bewusstseinsstufen streben.

Wie Thot mir sagte, wurde fast die gesamte moderne Geschichte von Männern geschrieben; der weibliche Blickwinkel wurde als unwichtig betrachtet. Damit ist das Geschichtsbild verzerrt. Aus meiner Sicht basiert die uns bekannte Geschichte auf denjenigen, die die Kriege gewonnen haben, und das waren fast immer Männer, die uns daraufhin erzählten, was geschah, aber natürlich immer nur aus ihrem Blickwinkel.

In Ägypten lief das anders. Thot schrieb seine Ideen, Beobachtungen und Empfindungen nieder, und seine Frau zeichnete ihre Beobachtungen, Überzeugungen und Gefühle getrennt von ihm auf. Manchmal waren sie nicht einer Meinung, aber sie wussten, so war es für die Menschen der Zukunft angebracht.

Jetzt wollen wir einen Blick auf eine Geschichte der Menschheit werfen, die bis vor Kurzem kaum jemand, der derzeit noch lebt, kannte.

8. Kapitel

Carl P. Munck

Um dem Ganzen mehr Glaubwürdigkeit zu verleihen, werden wir jetzt weitere Informationen hinzufügen, die zeigen, dass es hier nicht bloß um irgendwelche Fantasien geht, sondern um harte mathematische Fakten.

Der Forscher Carl P. Munck machte folgende Entdeckung: Wenn man entsprechende Kenntnisse hat, entdeckt man an allen heiligen Stätten – sei dies nun eine Pyramide, eine Kirche oder ein Tempel irgendwo auf der Welt – auf der Außenseite der entsprechenden heiligen Struktur einen Code. Um ihn zu entziffern, muss man das Gebäude nicht einmal betreten. Die verschlüsselten Informationen stecken in der Form, der Anzahl der Stufen und anderen äußeren Gegebenheiten dieser Bauten. Auf Muncks Website www.greatdreams.com/gem1.htm erfährt man mehr darüber. Ich gebe Ihnen an dieser Stelle lediglich einen Überblick über seine Arbeit, aber dahinter steckt noch sehr viel mehr, als ich in diesem Buch abdecken kann.

Wer weiß, wie man Muncks Code lesen kann, erkennt auf jeder Pyramide und jedem Tempel der Welt eine Reihe von drei Zahlen: Sie geben die genaue Länge des jeweiligen Baus und eine auf einer alten Berechnung beruhende Breite an, die sich von heutigen Berechnungen unterscheidet.

Muncks neueste Arbeiten mit diesem Code ergeben sogar die Höhe über dem Meeresspiegel, die zur Zeit von Atlantis allerdings ganz anders war. Wie konnten die alten Atlanter also wissen, wie das im 21. Jahrhundert aussehen würde?

Nicht für alle 83.000 heiligen Stätten weltweit wurden diese Berechnungen überprüft; doch Munck hat immerhin 250 dieser Bauten untersucht, und die Zahlen stimmen perfekt. Bislang sind alle untersuchten heiligen Stätten Teil dieses globalen Gitternetzes.

Wie ist es möglich, dass eine so alte Kultur die dafür erforderliche Technologie hatte? Für die modernen Wissenschaftler ist das höchstens mit unseren modernen GPS-Systemen vorstellbar. Und doch wurden vor 13.000 Jahren – einer Zeit, in der laut unserer Geschichtsschreibung behaarte Barbaren die Welt bevölkerten – komplexe mathematische Berechnungen durchgeführt.

Auch die 6000 Jahre alten Wände der alten Ägypter widerlegen unser Geschichtsbild, denn in ihren Hieroglyphen von der Erde sind der Nord- und der Südpol in ihrer exakten Position und mit den exakten Formen der Land- und der Eismasse abgebildet. Wie haben sie das geschafft? Das wissen wir nicht, aber es ist eine Tatsache.

Carl Muncks großartige Forschungsarbeiten, mit sämtlichen Berechnungen und einer genauen Erklärung der Funktionsweise, wurden inzwischen den Vereinten Nationen vorgestellt. Doch die UNO konnte diese neuen Informationen nicht mit ihrem Geschichtsverständnis in Einklang bringen – eine heikle Sache. Einerseits konnten sie die Tatsachen nicht leugnen, andererseits konnten sie diese Wahrheit aber auch nicht akzeptieren, ohne das Geschichtsbild der ganzen Welt auf den Kopf zu stellen. Was machten sie also? Sie kehrten es unter den Teppich und bemühten sich eifrig, alles in Vergessenheit geraten zu lassen, wie sie das schon so oft mit vielen anderen Anomalien getan hatten.

Im folgenden Abschnitt können Sie – in Muncks eigenen Worten – nachlesen, was er als wahr erkannt hat; dadurch wird das Ganze hoffentlich klarer.

Carl Munck und die Entdeckung heiliger Zahlen

Wie kann man in einer heiligen Stätte eine Zahl »verstecken«? Nun ja, in einem Steinkreis auf einer Position von 49 Grad, 1 Minute, 1 Sekunde Länge könnte man 7 Steine in einen Kreis einbringen und einen vollkommen quadratischen Stein in die Mitte setzen: 7 im Quadrat, also 7 x 7 = 49. Eine Stufenpyramide auf diesem Längengrad könnte ein vollkommen quadratisches Fundament und 7 Stufen auf jeder Seite haben.

Das scheint etwas weit hergeholt zu sein – bis man erkennt, dass die meisten dieser Bauten auf einem Längen- bzw. Breitengrad liegen, der nur mit einer sehr langen Zahl wiedergegeben werden kann. Multipliziert man bei einem Längengrad von 25 Grad, 07 Minuten, 29,62285728 Sekunden (nördlich oder südlich des Äquators) diese Zahlen miteinander, kommt 5184 heraus. Und wenn man durch Addition oder Multiplikation der verschiedenen Maße einer Pyramide auf genau diesem Breitengrad die Zahl 5184 erhält, ist die Wahrscheinlichkeit eines Zufalls mathematisch zu vernachlässigen. Wenn *zudem der Längengrad* dieser Pyramide auf ähnliche Weise abgeleitet werden kann, ist es noch weniger wahrscheinlich, dass man vor einem Zufall steht.

Doch das ist noch nicht alles: Was ist, wenn man über 250 heilige Stätten erforscht hat und sich herausstellt, dass der Längengrad in Bezug auf Gizeh und der exakte Breitengrad in jeder dieser Stätten in verschlüsselter Form zu finden ist? Selbst bei nur zehn Bauten wäre das schon kein Zufall mehr. Und wie Carl Munck herausgefunden hat, *findet sich der exakte Längengrad in Bezug auf Gizeh und der Breitengrad sogar bis auf mehrere Stellen nach dem Komma in jeder der 250 heiligen Stätten, die er untersucht hat!*

Munck hat also nachgewiesen, dass die Position der heiligen Stätten kein Zufall sein kann; das bedeutet, *die Erbauer müssen über Möglichkeiten verfügt haben, unseren Planeten aus dem Weltraum zu betrachten!*

Für uns moderne Menschen wäre es buchstäblich ein Ding der Unmöglichkeit, die Genauigkeit der Berechnungen dieser alten Baumeister ohne die uns zur Verfügung stehenden Satelliten zu verifizieren.

Wie Munck also beweist, gab es damals, zur Zeit dieser alten Kulturen, eine sehr viel höher entwickelte Technologie, als die klassischen Historiker vermuten. Das wiederum impliziert: Diese heiligen Stätten – zumindest die von Munck untersuchten – wurden von ein und demselben Geist bzw. ein und derselben Kraft ersonnen und erbaut. *Dahinter steht ein und derselbe Plan.*

> Ich versuchte, ein Codesystem zu entwickeln, und zwar auf Basis des jeweiligen Längen- und Breitengrades – Grad, Minuten und Sekunden – und durch Multiplikation dieser drei Zahlen, sodass sich eine einzige Zahl ergab. 15 Grad mal 15 Minuten mal 1,6 Sekunden ergibt 360 – die Anzahl der Bogengrade eines jeden Kreises.
> Als ich etwa die 360-Grad-Konstante durch 19 Grad und dann durch 18 Minuten teilte, ergab das 1,05263157894 Sekunden – und das entspricht dem Breitengrad, der die Cuicuilco (Kwee-Kueel-Ko) Rundpyramide (360°) in Mexiko, am Südrand von Mexico City, kreuzte.
> Wie bitte? Die Alten wussten um die 360 Bogengrade von runden Dingen? Nein, das musste ein Zufall sein ... Doch dann versuchte ich es zur Überprüfung mit der Zahl 21.600 (Umfang der Erde an den Polen in nautischen Meilen): Ich teilte sie durch 51 Grad und dann durch 10 Minuten, was 42,3529411 Sekunden ergab und mitten durch Stonehenge in England verlief – ein weiteres rundes (360°) Monument, welches ursprünglich sechzig Steine entlang seinem Umfang hatte. Stonehenge wurde mit Hilfe der Radiokarbonmethode neu datiert und ist ca. 10.000 Jahre alt (10.000 Before Present, d.h. Kalenderjahr 1950 als Bezugszeitpunkt der Skala, siehe »English Heritage«, Ausgabe Juni 1996) – ein unglaubliches Alter. GPS-Technologien in der prähistorischen Clovis-Kultur?

Unmöglich! Das passt nicht in unser Konzept des prähistorischen Menschen! Er konnte gerade einmal mit Fingern und Zehen zählen. Sein Wissen von der Welt ging nicht weiter als bis zum Horizont, und schreiben konnte er auch nicht, also war er ein Dummkopf. Das haben wir schon in der Grundschule gelernt.

Doch das Problem dabei ist: Es tauchten immer mehr von diesen Pyramiden mit Gitternetz-Koordinaten auf! Die El-Kula-Pyramide (bei 36) und die Knickpyramide von Seneferu (180) in Ägypten, der Druidenhügel Massachusetts (180), das Erde-Ideogramm (»Fort«) in Newark Ohio (2160), der Atlanten-Tempel in Tula in Mexiko (2880), die Sphinx in Gizeh (5400), der Kolomoki Mound (7200) in Georgia, Seip Mound (8640) in Ohio, Emerald Mound in Mississipi und die Rote Pyramide von Seneferu in Dahshur (10.800), das Ideogramm in Franklin, Ohio (16.200), das Große Dreieck, welches auf die Nazca-Ebene in Peru gezeichnet ist (17.280), der Goloring in der Nähe von Koblenz in Deutschland (27.000), das »AUGE« auf dem kilometerlangen »GESICHT« in Poverty Point, Louisiana (32.400), der »Wirbel von Oregon« (48.600), MANOS (Hände), eine weitere Zeichnung auf der Nazca-Ebene (64.800), Shark Mound im Norden von Bimini und die Pyramide der Magier in Uxmal (129.600) – ALL DIESE ZAHLEN SIND DURCH 360 TEILBAR!

Unsere modernen topografischen Karten beruhen auf genauen Satellitenaufnahmen, und diese uralten Pyramiden erklären allzu oft, wo sie sich befinden – ich kann mich also nicht irren. Die Baumeister der prähistorischen Antike verfügten über beneidenswerte geodätische Fertigkeiten, wie wir überall sehen können.

Sie haben nun also Muncks Worte vernommen; vielleicht verstehen Sie jetzt, dass es dieses Gitternetz aus ungefähr 83.000 Stätten auf der ganzen Welt gibt, die sehr genau an ganz bestimmten Plätzen errichtet wurden. Sie können nicht von den indigenen Völkern, beispielsweise den Maya oder den alten Ägyptern oder den alten Chinesen, ersonnen worden sein, insbesondere weil diese Völker zu unterschiedlichen Zeiten gelebt haben. Vielmehr muss dahinter ein einziger Geist, ein Gedanke, ein Plan stehen. Es gibt keine andere Möglichkeit. Das stellt unser ganzes Geschichtsverständnis auf den Kopf, ebenso unsere Vorstellung davon, wer wir früher waren und wer wir heute sind.

Der Nullmeridian

Jetzt kommen wir zum Nullmeridian, der auf genau null Grad Länge liegt. Ra, Araragat und Chequetet Arelich Vomalites wussten, wo in ferner Zukunft die physischen Pole und der Äquator liegen würden. Woher sie das wussten? Das hat mir Thot nie gesagt; aber er war ein Aufgestiegener Meister und ein Wesen der vierten Dimension. Auf diesen Ebenen ist die dritte Dimension ganz einfach wahrzunehmen. Der Nullmeridian von heute ist nicht der Nullmeridian des antiken Systems. Der Nullmeridian dieser drei Aufgestiegenen Meister hat mit der Großen Pyramide von Gizeh in Ägypten zu tun. Wenn man vom Nordpol und Südpol aus eine Linie direkt über die Spitze der Großen Pyramide zieht, erhält man den Nullmeridian des antiken Systems. Das ergibt einen logischen Sinn; immerhin wurde dieser Bau als erster errichtet.

Wie wurde dieses ungeheure Energieprojekt umgesetzt? Für diese drei Männer war das ganz leicht. Mit ihrem höheren Bewusstsein träumten sie das ganze Projekte in die Realität in der vierten Dimension und nahmen dann sehr langsam Verbindung zu unterschiedlichen Kulturen oder Stämmen in der dritten Dimension auf, denen sie durch Meditation Anweisungen gaben, wo und in welcher Form diese Bauten errichtet werden sollten.

Jetzt verstehen Sie, was Chequetet Arelich Vomalites, Ra und Araragat getan haben. Sie erschufen weltweit all diese Bauten, um – durch die Kunst der Geomantie – den inneren Fluss der Erdenergien und damit auch den äußeren Energiefluss zu verändern, wodurch nach und nach das elektromagnetische Feld um die Erde herum entstand. Dadurch erschufen sie für uns erneut das Gitternetz des Einheitsbewusstseins, das in Atlantis verloren gegangen war. 22. Dezember 2012. Superintelligenz!

Dies war ein Geschenk der Liebe; es zeigt, wir sind in unserem Bewusstsein nicht alleine und nicht vergessen worden. Unsere Ahnen – diese Alten, die nach wie vor mit uns in Verbindung stehen – erinnern sich an uns, und sie kümmern sich um uns. Sie sind in allen Kulturen und Lebensstufen gegenwärtig, auch in ganz gewöhnlichen Familien in aller Welt. Diese unsere Ahnen helfen uns mit ihrem Tun, in uns die nötigen Veränderungen zu durchlaufen. Damit tun wir wiederum etwas für sie. Wir bringen sie zurück. Schon bald wird der Tag kommen, an dem wir unsere Ahnen wiedersehen, denn das Leben stirbt nie.

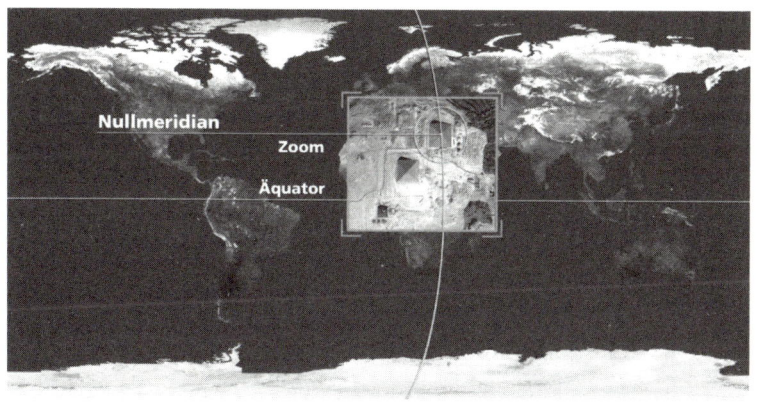

▶ Der Nullmeridian durch Ägypten

9. Kapitel

Der Gedächtnisverlust von Atlantis und die russische Raumstation Mir

Nach dem Untergang von Atlantis musste sich die Menschheit erst einmal erholen. Alle persönlichen Erinnerungen waren verloren gegangen; nur die Nakkal und ein paar Maya erinnerten sich noch an alles. Der Durchschnittsmensch litt unter einer demenzähnlichen Krankheit und konnte sich an gar nichts aus seinem Leben erinnern; die meisten Leute wurden komplett wahnsinnig und konnten ganz bestimmt keine Pyramiden mit mathematisch perfekten Steinen bauen. Die Aufgestiegenen Meister mussten sich gedulden, bis ein bestimmter Zeitpunkt in der Präzession des Frühlingspunktes erreicht war; erst dann konnten sie weitermachen. Sie mussten mehr als 6400 Jahre darauf warten.

Ursprünglich waren die Durchschnitts-Atlanter sehr hoch entwickelt, hatten aber ihr komplettes Gedächtnis verloren und verkamen scheinbar zu Barbaren. Könnten wir modernen Menschen uns an nichts mehr erinnern, dann würden wir nicht einmal mehr wissen, wie wir aus dem Haus gelangen. Die Atlanter mussten wieder von vorn anfangen und das Feuer entdecken.

Dieser Gedächtnisverlust war darauf zurückzuführen, dass das geomagnetische Feld der Erde vor der physischen Polverschiebung, durch die Atlantis im Meer versank, auf Null fiel. Bis vor Kurzem hatten die

Wissenschaftler keine Ahnung, dass Menschen ihr komplettes Gedächtnis verlieren können, wenn das Magnetfeld der Erde auf Null zurückgeht. Aber auch die moderne Wissenschaft erwartet einen Polsprung, das heißt, das Feld der geomagnetischen Pole wird zwischendurch zusammenbrechen und einen Nullpunkt erreichen.

▶ Raumstation Mir

Genau das passierte, als die Russen die Raumstation Mir in den Weltraum brachten und der erste russische Kosmonaut sich darin aufhielt. Nach vierzehn Tagen ohne Schwerkraft verlor er sein komplettes Gedächtnis und war nicht mehr in der Lage, die Raumstation zu steuern. Sofort wurde er durch einen anderen Kosmonauten ersetzt, auf die Erde zurückgeholt und untersucht. Sein Gedächtnis war dauerhaft ausgelöscht – er war dem Wahnsinn verfallen. Dasselbe widerfuhr dem zweiten Kosmonauten.

Daraufhin entwickelten russische Wissenschaftler einen Apparat, den man am Raumanzug anbringen konnte: Er erzeugte um die Person herum ein magnetisches Feld, das in etwa dem Erdfeld entsprach. Inzwischen besteht Einigkeit darüber, dass Raumfahrt auf zwei Wochen begrenzt sein muss, wenn im Raumschiff und darum herum oder zumindest um die Person herum nicht eine Art geomagnetisches Feld erzeugt wird.

Wie die Wissenschaft entdeckt hat, verfügen auch die menschlichen Gehirnzellen über eine magnetische Membran um jede einzelne Zelle herum. Es wird erforscht, wie Erinnerungen und Gedächtnis im menschlichen Bewusstsein erhalten bleiben; anscheinend spielt hier Magnetismus eine Rolle, ähnlich wie bei den Materialien, aus denen CDs oder DVDs hergestellt werden.

Ganz offensichtlich würde es bei einer Umkehr des geomagnetischen Feldes zweifellos eine gewisse Zeit dauern, bis das umgekehrte Feld wieder aufgebaut wird. Dauert dies länger als vierzehn Tage – und auf kosmischer Ebene sind vierzehn Tage gerade einmal eine Nanosekunde –, würden die menschlichen Erinnerungen also komplett verloren gehen. Das geschah in Atlantis und könnte auch heute wieder passieren.

Die Geschichte der letzten Zeremonien

Die Maya, Hopi, Kogi und Arhuaco erwarten alle unglaublich große Veränderungen auf der Erde; darüber haben wir ja bereits gesprochen. Doch Sie müssen sich deswegen keine Sorgen machen. Bevor das geomagnetische Feld diesen kritischen Zustand erreicht, werden Sie in eine andere Dimension des Erdbewusstseins aufsteigen, wo es nichts als Frieden gibt. So sollte der Übergang eigentlich erlebt werden.

Die Aufgestiegenen Meister mussten warten, bis die Mitte zwischen dem Apogäum und dem Perigäum der Präzession der Erdachse erreicht war; erst dann konnten sie den Menschen ihre Erinnerungen, ihr Wissen und ihre Weisheit wiedergeben. Und wie wir gehört haben, wurden ständig auf der ganzen Welt Pyramiden und Tempel errichtet, seitdem diese Mitte vor 6400 Jahren erreicht wurde.

Plötzlich kam es zu einer explosionsartigen Zunahme von Wissen auf der Erde, und überall auf der Welt tauchten solche heiligen Bauten auf. Sobald ein neuer Bau errichtet wurde, veränderte sich das Gitternetz des Einheitsbewusstsein ein bisschen und näherte sich der erforderlichen geometrischen Form an, durch die wir uns schließlich zu einem lebendigen Energiefeld zusammenschließen würden. So ging das immer weiter – bis vor etwa 65 Jahren, nach dem Ende des Zweiten Weltkriegs.

Auf einmal lief das alles auf einer anderen Ebene ab. Außerirdische mischten sich immer öfter in das Tun der Menschen ein. Im Sommer 1946, nur ein Jahr nach Ende des Zweiten Weltkriegs, erschienen fast ausnahmslos über sämtlichen Militärbasen in Europa Raumschiffe, ein Jahr später, im Juni 1947, tauchten sie über allen Militärbasen in den Vereinigten Staaten auf.

Woher ich das weiß? Weil es historische Unterlagen vom Leiter des Air-Force-Projekts »Bluebook« gibt, die das belegen. Dieses Buch steht auf meiner Website www.drunvalo.net zur Verfügung, wenn Sie es nachlesen möchten.

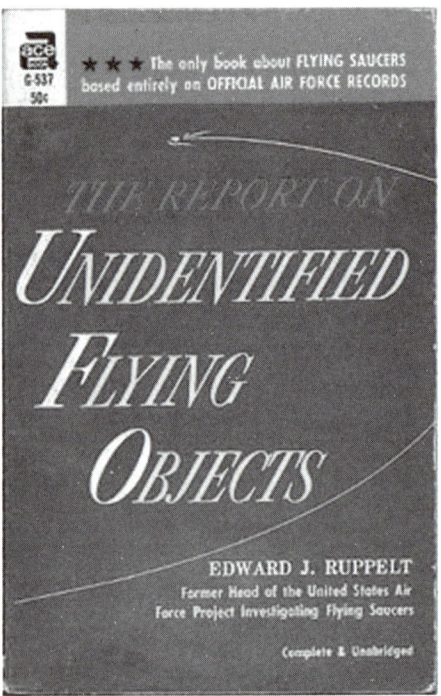
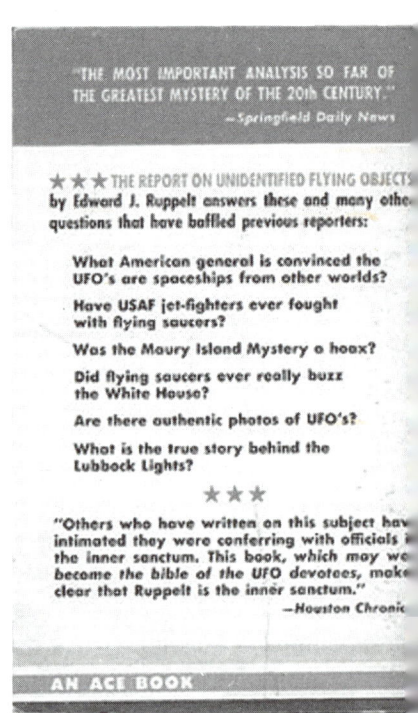

▶ Buch von Captain Ruppelt

Durch das Auftauchen von Außerirdischen eröffneten sich neue Möglichkeiten, denn sie bauten am Gitternetz mit. Ende der 1950er-Jahre wurden in ganz England Kornkreise gesichtet; anfangs waren es ganz einfache Kreise.

In den 1980er- und 1990er-Jahren wurden diese Kornkreise extrem komplex und verwirrend, vor allem wenn man weiß, dass sie immer innerhalb einer einzigen Nacht vollendet werden. Bei keinem der »echten« Kornkreise konnte menschliches Eingreifen nachgewiesen werden.

Um die Jahrhundertwende herum entdeckte man auch Kornkreise in Eis und Schnee, also Eis- oder Schneekreise.

Und dann fanden wir Kornkreise aus Bäumen in Kanada. Die Bäume wuchsen in komplexen geometrischen Kornkreisen. Auch hier war menschliches Tun ausgeschlossen.

Wie Colin Andrews, einer der bedeutendsten Erforscher von Kornkreisen, herausfand, sind etwa 80 Prozent der Kornkreise von Menschenhand gemacht, die restlichen 20 Prozent jedoch nicht, denn sie widersetzen sich jeglicher wissenschaftlicher Erklärung. Diese »echten« Kornkreise wachsen in geometrischen Kreisen; das Korn ist noch lebendig und wird nicht von Menschen mit Brettern zusammengedrückt, wodurch die Pflanzen absterben würden.

Diese echten Kornkreise stellten eine weitere Ebene höherer Kommunikation dar, die überall auf der Erde stattfand – eine für die gesamte Menschheit wichtige Kommunikation. Hunderte von Gruppen, Einzelpersonen und vor allem auch Regierungen versuchten, den Code zu knacken und herauszufinden, was uns diese Kornkreise sagen wollten. Mit einer kürzlich gemachten interessanten Entdeckung brachten die Russen ein wenig Licht ins Dunkel.

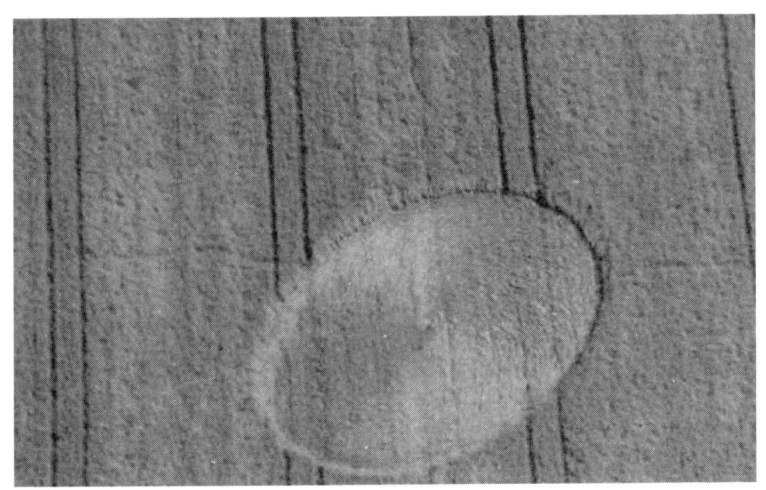

▶ Oben: Kornkreise in den 1950er-Jahren; unten: Kornkreise aus Eis/Schnee

Dr. Marina Popovich

Die Russin Dr. Marina Popovich wurde am 20. Juli 1931 geboren. Sie hatte den Rang eines Oberst der sowjetischen Luftwaffe inne und ist inzwischen im Ruhestand. Als Ingenieurin und legendäre Testpilotin hält sie 107 Luftfahrtrekorde mit über vierzig verschiedenen Flugzeugarten. Sie ist einer der berühmtesten Piloten der russischen Geschichte und eine der wichtigsten Pilotinnen überhaupt.

Zusammen mit anderen russischen Wissenschaftlern erforschte sie die Kornkreise, die seit fast sechzig Jahren in der ganzen Welt auftauchen, um ihren Ursprung herauszufinden. Wenn sie nicht menschengemacht waren, überlegte sie, müsste die Kommunikation in ihrer Geometrie verborgen sein.

Hunderte von Gruppierungen und viele Regierungen haben die Geometrie und den potenziellen Ursprung von Kornkreisen erforscht. Allen ist klar, dass über diese Kornkreise wahrscheinlich Informationen kommuniziert werden sollen, denn bei manchen handelt es sich um höhere Mathematik, wie sie nur eine Handvoll Menschen derzeit überhaupt verstehen können. Doch wir wussten nicht, wie oder was damit kommuniziert werden sollte – bis Dr. Marina Popovich ihre wissenschaftlichen Artikel veröffentlichte.

Dr. Popovich und weitere russische Wissenschaftler haben den Code entschlüsselt und können jetzt in den Kornkreisen wie in einem Buch lesen. Diese äußerst wichtige Entdeckung wurde von fünf bedeutenden russischen Wissenschaftlern untermauert und fand 2011 weltweite Beachtung. Bislang haben sich über fünfzig russische Wissenschaftler und viele andere Forscher aus aller Welt ihren Ansichten angeschlossen.

Nach Überzeugung von Dr. Popovich werden diese Kornkreise von außerirdischen Zivilisationen (abgekürzt ETC = »extraterrestrial civilizations«) errichtet, die die Menschheit vor schon sehr bald auf der

Erde ablaufenden katastrophalen Veränderungen warnen wollen. Das Magnetfeld der Erde, so die ETC, sei inzwischen so geschwächt, dass das menschliche Leben auf der Erde in Gefahr ist.

Laut Dr. Popovich ist in den Kornkreisen von acht Katastrophen die Rede, die nacheinander auf der Erde passieren werden – die erste davon, wenn der derzeitige 24. Sonnenzyklus seinen Höchststand erreicht, was Mitte bis Ende 2013 der Fall sein soll. Wie die Kornkreise weiterhin besagen, werden wir höchstwahrscheinlich nicht einmal die zweite Katastrophe überleben und müssen deshalb schon bald auf eine höhere Bewusstseinsebene aufsteigen, entweder noch vor oder direkt nach der ersten Katastrophe. Wenn wir das schaffen, wird alles gut werden. Das ist, kurz gesagt, die Hauptbotschaft der ETC.

Die erste Katastrophe wird nach Aussage der Russen mit Sonneneruptionen zu tun haben, die so stark sind, dass die Sonne sämtliche Computerspeicher weltweit löscht, also Festplatten, CDs, DVDs und andere magnetbasierte Speichermedien, wenn sie nicht in einem hochwertigen Faraday'schen Käfig davor geschützt werden. Ein solcher Datenverlust würde die globale Infrastruktur auf allen Ebenen zerstören.

Bei der Jahrtausendwende warnten die Regierungen vor der potenziellen weltweiten Katastrophe durch den Ausfall der Computersysteme. Diese Katastrophe konnte dank eines Franzosen, der eine Lösung für das Problem fand, verhindert werden, aber aus diesen Erfahrungen vor elf Jahren haben wir nichts gelernt. Die Computersysteme wurden weltweit einfach weiterentwickelt, ohne einen Ausweichplan für den Fall eines Zusammenbruchs. Heute wird unser Leben viel stärker von Computersystemen gesteuert. Alles, wirklich alles, funktioniert mit Computern. Wenn es zu einem weltweiten Ausfall käme, wären innerhalb von achtundvierzig Stunden sämtliche Vorräte aufgebraucht: keine Lebensmittel, kein Wasser, kein Gas, kein Strom, kein Internet, keine Banken – kein irgendetwas in sämtlichen Lebensbereichen. Die ganze Welt würde mit einem Mal stillstehen. Und das ist nur die erste Katastrophe.

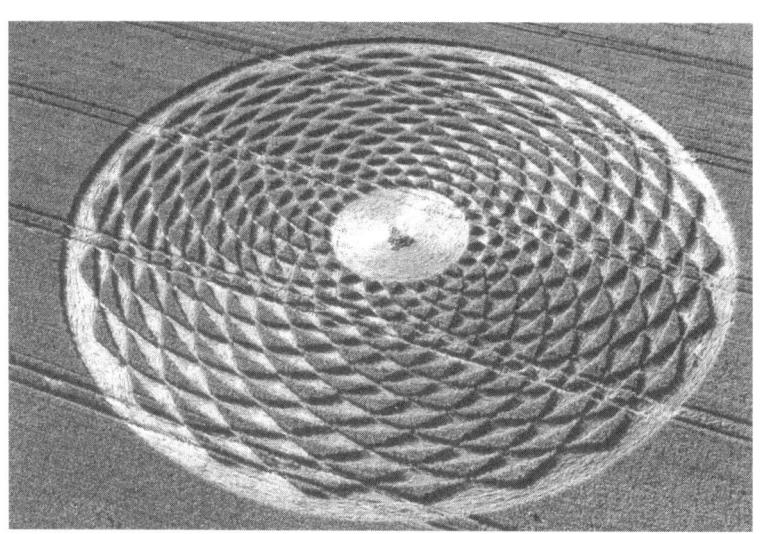

▶ Zwei komplexe Kornkreise

Wenn Dr. Popovich und ihr Team die Einzigen wären, die uns vor solchen Katastrophen warnen, hätte das wahrscheinlich wissenschaftlich nicht viel Gewicht. Sie sind aber nicht die Einzigen.

Genau diese erste Katastrophe hat die NASA der Welt gegen Ende dieses 24. Sonnenzyklus prognostiziert. Vor über einem Jahr ist die NASA damit an die Öffentlichkeit gegangen und hat vor einer weltweiten Katastrophe gewarnt: Aufgrund massiver Sonneneruptionen würden die globalen Computersysteme gelöscht und die Welt für ein bis neun Monate sozusagen ihren Betrieb einstellen.

England ließ daraufhin wissenschaftliche Informationen zusammenstellen, um herauszufinden, ob dies wirklich so wahrscheinlich war, und untermauerte daraufhin die NASA-Aussagen. Ganz offensichtlich löst diese Möglichkeit bei den Regierungen die Alarmstufe Rot aus.

Doch laut Dr. Popovich und den ETC werden sich sieben weitere Katastrophen ereignen; selbst wenn wir die erste überleben, haben wir keine Chance, die anderen zu überleben. Und genau das besagt die Warnung der ETC: Bevor die zweite Katastrophe über uns hereinbricht, müssen wir die dritte Dimension der Erde verlassen und auf eine höhere Bewusstseinsebene aufsteigen, die vierte Dimension der Erde, in der die Erde sich in vollkommenem Gleichgewicht befindet und wir ohne Probleme überleben können.

Das alles deckt sich genau mit den Maya-Prophezeiungen. Die größte Katastrophe wäre die von Don Alejandro auf Basis der Maya-Prophezeiungen vorhergesagte Polverschiebung. Wie die Russen prophezeien auch die Maya viele Wellen des Chaos. Und wie die Russen sagen auch die Maya, dass die einzige Lösung in einer Bewusstseinserweiterung und im Aufstieg in die vierte Dimension besteht. Man könnte fast meinen, die Russen hätten über die Maya-Prophezeiungen Bescheid gewusst.

10. Kapitel

Pyramiden, Kristalle und menschliches Tun

Während der 1980er-Jahre tauchte ein neues Phänomen auf; viele Leser dieses Buches werden sich wahrscheinlich noch daran erinnern oder waren selbst betroffen. Zwischen 1983 und 1984 bis 1991 machten Menschen weltweit, wirklich überall, fast dieselbe Erfahrung – vielleicht auch Sie.

Viele dieser Leute praktizierten Meditation oder waren Channelling-Medien, die feinstoffliche Energie spüren konnten und sich damit auskannten. Während der Meditation erhielten sie die Anweisung, einen Kristall zu einer Pyramide irgendwo auf der Welt zu bringen, ihn auf bestimmte Weise zu programmieren und dort zu platzieren.

Unseren Schätzungen zufolge machten über 150.000 Menschen diese Erfahrung. Sooft sich jemand dieser Herausforderung stellte und einen programmierten Kristall irgendwo in einem Tempel ablegte, beeinflusste dies die geomantische Energie dieses Platzes und dieser Struktur und veränderte seine Verbindung zur Erde ein winziges bisschen; das führte zu Korrekturen der Geometrie im Gitternetz des Einheitsbewusstseins über der Erde.

1989 waren fast eine Million Kristalle an heiligen Stätten weltweit platziert worden, und das Einheitsgitternetz der Erde hatte schließlich die richtige Geometrie, also eine Mischform aus Ikosaeder und Pentagondodekaeder. Zum ersten Mal wurde es von Energie durchströmt, war aber noch nicht geometrisch perfekt. Weitere Korrekturen waren erforderlich.

Eine neue Form der Korrektur beginnt

Mitte der 1990er-Jahre gab es eine kleine Gruppe von nicht einmal hundert Leuten, die sich wirklich gut mit feinstofflichen Energien auskannten. Auch ich gehörte dazu; wir alle waren an dem Versuch beteiligt, das Gitternetz für die Aufgestiegenen Meister zu vollenden.

Die Mitglieder dieser Gruppe wurden angewiesen, zu bestimmten Pyramiden zu gehen und dort explizite Veränderungen vorzunehmen – nicht am Gitternetz oder den Energien der jeweiligen Pyramide, sondern vielmehr am Geist und der Seele der Urbevölkerung, die die Pyramide bzw. den Tempel erbaut hatte.

Einige dieser Urvölker hatten auf unterschiedliche Art und Weise die Gesetze des Universums gebrochen. Da sie die physische Pyramide bzw. den physischen Tempel errichtet hatten, flossen auch ihre Gedanken und Gefühle in die eigentliche Struktur ein, wodurch es im Gitternetz des Einheitsbewusstseins zu Deformationen kam. Die betreffende Pyramide war fehlerhaft und musste wieder in Balance gebracht werden, sonst würde nichts funktionieren.

Um unseren Auftrag zu erfüllen, mussten wir viele indigene Stämme aufsuchen. Ich will hier nur kurz darauf eingehen, denn darüber habe ich in »Schlange des Lichts« bereits berichtet.

Als Erstes besuchten wir die alte Welt der Anasazi, um den Anasazi das Wissen zu vermitteln, das ihre Schmerzen lindern und es ihnen ermöglichen würde, sich uns in der heutigen Welt anzuschließen, damit in diesem Bereich des Gitternetzes alles wieder in Ordnung wäre.

▶ Anasazi-Ruine

Die Aufgestiegenen Meister wiesen uns an, in das Gebiet der Four Courners in den Vereinigten Staaten zu gehen, das alte Stammland der Anasazi. Durch Zeremonien heilten wir das Karma der Anasazi und öffneten die Tore, sodass sie in diese moderne Welt hineingeboren werden konnten. Jetzt sind sie hier und haben uraltes Wissen mit sich gebracht, das für unsere Zukunft sehr wichtig sein wird.

Dann besuchten wir die Maya in Mexiko und Guatemala und heilten mit Zeremonien die Karmaprobleme der alten Maya.

Während unseres Mexiko-Aufenthalts tauchten Inkas auf und teilten uns mit, die Schamanen wollten uns in Peru für Zeremonien haben.

Als wir am Machu Picchu in Peru ankamen, wurden wir allerdings nicht ohne Weiteres akzeptiert. Mutter Erde musste uns ihre Einwilligung zeigen, und so warteten wir auf die Zeichen, die sie uns schicken würde, als Beweis dafür, dass wir die Richtigen waren. Und diese Beweise wurden immer erbracht. Es war egal, was wir sagten – wichtig war, was Mutter Erde in unserem Namen sagte. Wir bestanden alle Prüfungen und durften die Zeremonie abhalten, welche die Schmerzen der alten Inka beseitigte und es ihren verlorenen Seelen ermöglichte, Teil des modernen Lebens zu werden. Jetzt können sie atmen, und gemeinsam werden wir schon bald als Brüder und Schwestern die Sterne betreten.

Auf Bitte der Maori-Königin gingen wir nach Neuseeland und trafen dort auf die Waitaha, die Überlebenden aus Lemurien. Die Waitaha sind eines der ältesten Völker der Welt – sie haben an ihren Wänden immer noch Bilder ihrer Ahnen mit Schwimmhäuten zwischen Fingern und Zehen. In Lemurien schwammen sie mit Delfinen und Walen, die sie als ihre Ahnen betrachteten. In Neuseeland musste wegen des Kannibalismus, der auf der Osterinsel entstanden ist, eine Reinigung vollzogen werden. Es ist immer unterschiedlich.

Kurz nach dem Neuseeland-Besuch schrieb ich mein viertes Buch, »Schlange des Lichts«. Darin beschrieb ich meine Kommunikation mit den Maya und ungefähr tausend indigenen Stämmen in Nord-, Mittel- und Südamerika. In »Schlange des Lichts« geht es um die Kundalini-Energie der Erde, die von den Gebirgen Westtibets zu den Gebirgen in Nordchile wanderte – ein außergewöhnliches geschichtliches Ereignis, von dem fast niemand auf der Erde etwas wusste. Die Stämme hatten es geheim gehalten, doch jetzt ist es in Ordnung, darüber zu sprechen.

Die Energie gelangt aus dem Mittelpunkt der Erde mit einer schlangengleichen Bewegung an die Erdoberfläche. Sie wandert zunächst über die ganze Welt, durch alle Gegenden der Erde und findet dann einen Platz, rollt sich in der Erde zusammen und bleibt da für die nächsten 12.812,5 Jahre.

▶ Die nördlichen Anden

Diese Energie ist die lebendige Kundalini aus dem Erdinnern. Wie seit Jahrtausenden in Indien und Tibet erweckt sie die Menschen, die in dieser Region leben und zu Lehrern für die ganze Welt werden. Jetzt ist sie in die Anden weitergezogen, und so werden nun die Seelen der Menschen in Chile, Peru, Argentinien etc. von der Kundalini-Energie erweckt. Die Zyklen wechseln von männlich zu weiblich, und deshalb werden die Frauen diese neue Spiritualität in die Welt tragen.

Die Kundalini erreichte von der Westseite der Anden-Gebirgskette aber auch den Ozean, und so wurde das Signal, die Energie der Erd-Kundalini, auch von der gesamten polynesischen Welt empfangen, ganz bestimmt von der Insel Moorea. Das führte zu einem neuen Erwachen und einer völlig neuen spirituellen Energie, wie die Welt sie nie zuvor gesehen hatte.

Wie ich wusste, war die Kundalini-Energie im Jahr 2002 nach Chile gezogen. 2003 besuchte ich die Berge von Chile, weil ich diese Energie unmittelbar erfahren wollte. Aber ich spürte gar nichts – was mich sehr verwirrte. Ich wusste einfach nicht, warum für mich nichts spürbar war, und ging nach Hause zurück. Ich wartete ein Jahr, eineinhalb Jahre, dann kehrte ich zurück. Aber wieder spürte ich absolut gar nichts – was ich nicht verstand, denn ich wusste, sie war da. Schließlich hatten sich hundertzwölf Stämme in einem Kreis sitzend versammelt und ihre Ankunft erwartet, und sie wussten, die Energie war da.

Dann luden uns die Rapa Nui, ein auf der Osterinsel lebender Stamm, ein, mit ihnen eine Zeremonie abzuhalten. Danach gingen wir auf Einladung der Königin bzw. wichtigsten Frau der polynesischen Inseln, die wir einfach Mama Lucy nennen, auf die Insel Moorea, wo sich der Südpol des Gitternetzes des Einheitsbewusstsein befindet. Wie das geomagnetische Feld der Erde hat auch das Bewusstseinsgitternetz eine Achse und einen Nord- und Südpol, zwei sehr wichtige Punkte. Der Nordpol des Gitternetzes des Einheitsbewusstseins befindet sich zufällig ganz in der Nähe der Großen Pyramide, nur etwa eineinhalb Meilen davon entfernt, also so gut wie nichts, angesichts der 7926 Meilen bzw. 12.756 Kilometer des Erddurchmessers. Energie fließt durch die Erde zur anderen Seite. Verliefe diese Energie direkt durch die Erde, würde sie im Südpazifik, in der Nähe von Moorea, aus der Erde herauskommen; allerdings verläuft die Achse des Gitternetzes in einer ganz leichten Kurve, und so kommt sie auf der Insel Moorea aus der Erde, wo Mama Lucy lebt. Dort sollten wir mit dem polynesischen Volk eine Zeremonie abhalten.

Also machten wir uns erneut auf eine spirituelle Reise. Gemäß den Anweisungen der Rapa Nui von der Osterinsel sollten wir Menschen aus aller Welt, eine Gruppe aus Weltvertretern, zu diesem Ort führen. Ungefähr fünfundfünfzig Leute aus siebzehn Ländern reisten im Jahr 2008 dorthin.

Inzwischen war das Gitternetz des Einheitsbewusstseins fast vollständig. Nur noch eine einzige Korrektur stand an, dann könnte das Gitternetz zum Leben erweckt werden.

Unsere Weltvertreter flogen aus allen Richtungen auf die Osterinsel, um diese spezielle geomantische Zeremonie abzuhalten. Ich war furchtbar aufgeregt. Das würde für die Menschheitsgeschichte ein äußerst großer Augenblick sein, obwohl nur wenige Menschen auf der Erde überhaupt davon wussten. Ich war mir jedoch der unglaublichen Auswirkungen auf die Zukunft der Menschen bewusst. Ich fühlte mich wie ein Kind, voller Optimismus für unsere Zukunft.

Auf der Osterinsel wurden wir von der Urbevölkerung der Rapa Nui empfangen; als Allererstes sagten sie uns, wir müssten eine Initiationszeremonie durchführen, durch die unsere Herzen sich miteinander verbinden würden und wir alle gemeinsam und in Einheit zusammenarbeiten könnten. Bei dieser uralten Zeremonie legten die Rapa Nui ihre Kleider ab, und ein Mann bemalte den Körper eines anderen Mannes. Es dauerte lange, bis alles wirklich perfekt war.

Zu der Zeremonie gehörte auch das Abendessen, das wir gemeinsam einnehmen sollten. Am Vortag hatten die Rapa Nui in großen Kuhlen auf glimmenden Kohlen Essen gekocht; das Ganze war mit Erde bedeckt, damit die Wärme bewahrt wurde. Es war ihre Insel, und so leiteten sie die Zeremonie und kommunizierten dabei mit uns. Ihre Körperbewegungen strahlten so viel Kraft aus, dass einige aus unserer Gruppe wohl etwas eingeschüchtert waren, aber für die Rapa Nui war das die wichtigste Zeremonie auf der Erde. Sie und auch wir nahmen das Ganze sehr ernst.

Eine Zeitlang gewöhnten wir uns an die Energien des Landes und hörten den Rapa Nui zu; sie erzählten uns Dinge, die sie seit Jahrhunderten nur innerhalb ihrer eigenen Kultur weitergegeben hatten. Sie setzten uns auf Pferde und ritten mit uns zu ihren heiligen Stätten. Sie brachten uns sehr viel Respekt entgegen, denn sie wussten, warum wir hier bei ihnen waren: Wir waren gekommen, um ihr altes Karma zu heilen.

Auf der Osterinsel finden sich überall riesige Steinstatuen, die sogenannten Moai. Als die Rapa Nui vor Jahrhunderten diese Statuen schufen, holzten sie für den Transport sämtliche Bäume ab, was auf der Insel zu einer ökologischen Katastrophe führte. In der Folge gab es keine Nahrung mehr, sodass sie verhungerten.

▶ Statuen auf der Osterinsel

Daraufhin begannen sie, sich gegenseitig zu verspeisen – was einem Bruch der Naturgesetze gleichkam. Diese beklagenswerte Gewohnheit verbreitete sich im gesamten polynesischen Inselreich, auch auf Neuseeland; die dort landenden Maori verspeisten die Waitaha-Männer, wobei deren Frauen, die als Sklavinnen gehalten wurden, zuschauen mussten.

Dieser geistige Missstand – das kollektive Gedächtnis – musste behoben werden; durch die Heilung der Rapa Nui würde das Gitternetz des Einheitsbewusstseins geometrisch perfekt und ausgewogen sein. Sobald es vollendet wäre, könnte es zum Leben erweckt werden.

Eigentlich verstand ich erst nach meiner Ankunft auf der Osterinsel wirklich, warum wir hierher gekommen waren. Erst bei den Vorbereitungen auf die Heilungszeremonie für die Rapa Nui, unmittelbar bevor es losging, ergab alles einen Sinn. Sie brachten uns weit draußen zu diesem bewaldeten Gebiet und sagten uns, hier solle die Zeremonie stattfinden. Bei den Vorbereitungen erklärte mir meine innere Führung, worum es bei dieser abschließenden Zeremonie zur Korrektur des Gitternetzes des Einheitsbewusstseins ging. Es musste mit den Rapa Nui zu tun haben. Ihr Kannibalismus hatte sich auf den polynesischen Inseln verbreitet. Das musste vergeben werden. Die Rapa Nui mussten sich in dieser Zeremonie selbst verzeihen, und dadurch würde die Geomantie über der Erde korrigiert. Der Bereich über der Insel, wo wir uns gerade befanden, erstreckte sich bis aufs chilenische Festland, wo auch die Kundalini-Energie von Mutter Erde kurz vor ihrer Geburt stand. Dann könnte die Lebensenergie wirklich durch dieses Gitternetz fließen und das Gitternetz des Einheitsbewusstseins und die Kundalini von Pachamama – von Mutter Erde – zum Leben erwecken.

Doch es ging um noch mehr.

Bei der Vorbereitung für die Zeremonie legte ich das hellrote Zeremonientuch auf den Boden und stellte die Kristalle und andere Zeremonienobjekte darauf. Da verstand ich auf einer tieferen Ebene, warum wir hier auf der Osterinsel diese Zeremonie abhielten.

Die Erd-Kundalini funktioniert seit 2002 nicht mehr, weil direkt über ihr das Gitternetz verzerrt ist, und zwar absichtlich; der letzte geometrische Bereich musste noch korrigiert werden. Denn gemäß den Absichten der Aufgestiegenen Meister musste zuerst das Bewusstseinsgitternetz richtig funktionieren, bevor die Kundalini richtig fließen würde. Beides musste zusammenarbeiten. Und so halfen die Aufgestiegenen Meister den indigenen Stämmen, die Erd-Kundalini nach Chile zu bringen. Die hundertzwölf Stämme mussten diese Kundalini dort sechs Jahre lang festhalten, bis das Gitternetz vollständig war. Jetzt ergab alles einen Sinn – warum wir hier waren und worum es in dieser abschließenden Heilungszeremonie ging. Eben durch eine Zeremonie mit Mutter Erde, Vater Sonne und dem lebendigen Universum wird die kosmische DNA aktiviert. So einfach ist das.

Die Zeremonie, die wir nun in die Wege leiteten, war anders als alles, was ich vorher erlebt hatte. Die Rapa Nui sagten, sie sei seit fast 13.000 Jahren nicht mehr abgehalten worden. Zunächst hielten die Weltvertreter und die Rapa Nui sich an den Händen, das war alles. Damit vergaben wir den Kannibalismus der Vergangenheit und korrigierten so die Geometrie über der Erde. Die Energie korrigierte sich selbst; das Gitternetz des Einheitsbewusstseins nahm das erste Mal überhaupt eine perfekte Form an – was wir alle im Herzen spürten. Ich sagte zur Gruppe und den Rapa Nui: »Wir haben das Gitternetz geheilt, und wenn Gott will, auch die Rapa Nui. Diese Zeremonie ist vollständig.«

Ich war gerade dabei, die Zeremonie abzuschließen, da passierte etwas, das ich und wohl auch die anderen nicht erwartet und nie zuvor erlebt hatten. Am Himmel erschien eine spiralförmige, golden leuchtende Energie und kam auf die Erde herunter wie ein sanfter Tornado aus goldenem Licht. Sie schwirrte um uns herum wie in einem Film. Dieses Licht entströmte dem Gitternetz des Einheitsbewusstseins.

Sicherlich erlebte jeder von uns das anders. Wir sprachen danach lange darüber, aber für mich war es ein höchst erstaunliches Gefühl, als wäre die Quelle des Lebens präsent. Ich entspannte mich; als dieses goldene Licht um uns herumwirbelte, ließen alle meine Körperzellen einfach los.

Das Ganze dauerte nach meinem Gefühl zehn Minuten lang; währenddessen konnte man in diesen hoch in den Himmel ragenden Schlauch schauen. Danach zog er sich zurück in den Himmel und verschwand.

Nach der Zeremonie fragte ich die Rapa Nui, ob sie so etwas schon einmal erlebt hätten. Sie verneinten. Meine innere Führung gebot mir, Eile an den Tag zu legen. Wir mussten zusammenpacken und so schnell wie möglich nach Tahiti fliegen, denn die Geburt des Gitternetzes des Einheitsbewusstseins stand unmittelbar bevor. Es verfügte jetzt über eine perfekte, vollendete Geometrie; es war wie ein Baby, dessen Kopf schon sichtbar war und jeden Moment auf die Welt kommen konnte.

Wir packten schnell alles zusammen, und am nächsten Morgen nahmen wir den Frühflug nach Tahiti, bestiegen eine große Fähre und fuhren nach Moorea, wo sich, wie ich ja schon sagte, der Südpol dieses Gitternetzes befand und wo wir an der abschließenden Geburtszeremonie eines brandneuen Gitternetzes des menschlichen Bewusstseins auf der Erde teilnehmen wollten.

Das Licht dieser Zeremonie mit seiner Intensität erfüllte mich mit pulsierender Erregung, ging durch mich und alle anderen Anwesenden hindurch. Wir warteten voller Freude darauf, was da kommen sollte. Ein Baby – neues Leben! Eine zweite Chance für die Menschheit.

Die nun folgende Zeremonie betrachteten wir als die heiligste, die jemals auf der Erde abgehalten wurde. Ich war so dankbar für mein Leben, für die Rapa Nui und all die selbstlosen Menschen aus unserer globalen Gruppe, die sich auf diesen Prozess einließen. Unsere Körper gingen auf unser Schicksal zu, und unsere Herzen waren von Liebe erfüllt.

Die Geburt einer neuen Menschheit

Beim Wort »Tahiti« denkt man an endlosen Sonnenschein, tiefgrüne Berge, die sich in den Himmel erheben, und türkisblaues Meer, das zum Baden einlädt. Tahiti ist eine Insel voller Überfluss und Leichtigkeit.

Die Gruppe und ich waren gerade von der Osterinsel gekommen; sie ist trocken und arm an Vegetation. Es gibt dort schöne Menschen, aber die Insel selbst ist eher eine Wüste. Wir hatten uns an diese männliche Trockenheit gewöhnt, und als die Fähre im Hafen von Moorea einlief, erblickte ich eine der schönsten Szenerien, die ich je gesehen hatte. Hinter der Üppigkeit von Moorea musste sogar Tahiti zurückstecken. Wir klatschten beim Anblick dieser reinen Schönheit vor Freude in die Hände.

Mitarbeiter der Königin von Moorea empfingen uns in unserem aufgewühlten Zustand. Mit großem Respekt führten sie uns vom Hafen zu unserem Hotel, wo wir uns auf diese ganz besondere und heilige Zeremonie vorbereiteten, die für die gesamte Menschheit wahrhaftig die erlösende, Heil bringende Gnade sein würde.

Wir hatten es furchtbar eilig gehabt, nach Moorea zu kommen, doch die polynesische Königin Mama Lucy hatte ihren eigenen Zeitplan. Sie dachte, wir müssten uns erst einmal ausruhen, und ließ uns zwei Tage warten. Dann wurden wir ihr vorgestellt. Natürlich wurden wir nicht alle – immerhin fünfundfünfzig Leute – von ihr empfangen, sondern nur ich und eine Großmutter namens Ruth. Großmutter Ruth ist eine Maori-Eingeborene aus Neuseeland und heißt mit vollem Namen Makuini Ruth Tai. Sie spricht die Sprache der Königin, und so hielt ich sie für eine geeignete Begleiterin für diesen Empfang.

Die Königin war eine sehr stattliche Frau mit einem riesengroßen Herzen. Sie war reine Liebe und wusste ganz genau, warum wir gekommen waren – dass wir dieses neue Bewusstsein auf die Erde bringen und dafür die Zeremonie abhalten wollten. Das wusste sie bereits, bevor sie uns bat, auf ihre Insel zu kommen.

Die Königin wurde von einer Assistentin begleitet. Mama Lucy empfing uns mit offenen Armen und Umarmungen. Wir ließen uns alle nieder und besprachen die Einzelheiten. Schon sehr bald fragte sie mich: »Wo möchtest du die Zeremonie durchführen?«

Ohne zu zögern, antwortete ich: »Ich möchte sie in der Mitte der Insel abhalten.« Ich war 1985 schon einmal auf der Insel gewesen und hatte mit demselben Stamm eine Zeremonie durchgeführt; dazu hatten sie mich ins Innere der Insel gebracht. Wenn Sie diese Geschichte interessiert, können Sie sie in »Schlange des Lichts« nachlesen.

Mama Lucy schaute mich an und sagte freundlich: »Das kann ich nicht zulassen.« Ich fragte sie nach dem Grund, und sie antwortete: »Dazu habe ich nicht die Befugnis. Überall sonst auf der Insel bin ich befugt, aber nicht in der Mitte der Insel. Es tut mir leid, aber ich kann dir das nicht erlauben.«

Da sprang die Assistentin von Mama Lucy auf, rannte zu ihr und sagte: »Nein, nein, du verstehst nicht. Was in dieser Zeremonie passieren wird, ist eines der wichtigsten Ereignisse, die jemals auf der Erde stattgefunden haben. Bitte gib ihnen die Erlaubnis, und mit allen anderen können wir später fertig werden.«

Aber die Königin blieb stur: »Nein, dazu habe ich nicht die Befugnis, ich kann und will das nicht tun.«

Daraufhin entspann sich zwischen der Königin und ihrer Assistentin eine etwas aggressive Unterhaltung. Die Assistentin sagte: »Du musst aber!« Und Mama Lucy richtete sich kerzengerade auf und widersprach mit Nachdruck: »Nein, ich werde die Regeln nicht brechen!« Und schon bald versuchten sie, sich gegenseitig lautstark zu überzeugen, sodass ich erst einmal vor der stürmischen Auseinandersetzung zurückwich. Schließlich brach die Königin zusammen, fing an zu weinen und sagte unter Tränen: »Nein, das kann ich nicht tun.«

Daraufhin ging Ruth zu Mama Lucy, umarmte sie und redete in ihrer Sprache auf sie ein, aber auch das nützte nichts. Mama Lucy war die Königin und würde nichts Unrechtes tun, sondern bei der Wahrheit bleiben. Sie war nicht befugt, und deshalb würde sie es auch nicht tun.

Wir gingen, ohne die Erlaubnis für die Zeremonie zu bekommen. Ich kehrte ins Hotel zurück und fühlte mich seltsam, als ob ich etwas Wichtiges verloren hätte. Ich saß in meinem Zimmer und sagte mir: »Oh Gott, dreizehntausend Jahre! Die Mühen von Millionen von Menschen, Unsummen an Geld, 83.000 Bauten weltweit – und viele Menschen, die bei diesem ganzen Vorhaben ihr Leben verloren haben. Und jetzt dauert es nur noch ein paar Minuten bis zur Geburt, und da streiten zwei Frauen herum, und es klappt nicht?!« Ich konnte es einfach nicht glauben, aber es sah tatsächlich so aus, als würde das alles nicht Wirklichkeit werden.

Drei oder vier Tage saßen wir herum, so genau weiß ich es nicht mehr. Wir warteten, dass etwas passierte – irgendetwas, das uns voranbringen würde.

Da erhielten wir unerwartet eine Einladung des Königs von Polynesien, Papa Mataru – ein über achtzigjähriger Mann, dem, wie wir feststellten, von seinem Volk viel Liebe und Respekt entgegengebracht wurde. Ohne großes Brimborium bat er uns zu einer gemeinsamen Konferenz. Das gab mir wieder Mut. Vielleicht konnten wir doch noch die Zeremonie fortsetzen. Wie ich wusste, brauchten wir die Kooperation mit dem polynesischen Volk, um gemeinsam die Zeremonie abzuhalten. Auch sie brauchten uns – wir waren die Repräsentanten der ganzen Welt.

Im Grunde war es ja ihr Land und ihre Verantwortung. Mutter Erde und Vater Sonne würden die Zeremonie nicht annehmen. Sie würde nur stattfinden, wenn die göttliche Ordnung eingehalten wurde.

Papa Mataru wollte uns am nächsten Tag im Lauf des Nachmittags treffen. Ich hatte wieder Ruth dabei, denn wie ich wusste, sprach sie die polynesische Sprache und kannte sich mit der Kultur und Lebensweise der Polynesier aus. Und sie hat ein wunderschönes Herz.

▶ Papa Mataru

Wir fuhren also zu Papa Matarus Wohnsitz und wurden in den Hof geführt. Dort hatte sich Papa Mataru auf einem alten, weißen Plastikstuhl im Sand niedergelassen, umgeben von seiner Familie: Seine Frau, seine Kinder und Enkel saßen um ihn herum und warteten auf uns.

Für Ruth und mich standen zwei Stühle bereit. Wir traten hinzu und verbeugten uns ehrerbietend vor ihm. Dann stellten wir uns vor, und da bemerkte ich, wie er die Augen zusammenkniff und uns zu erkennen versuchte. Da wurde mir klar, dass er nicht gut sehen konnte. Auch das Laufen fiel ihm schwer: Seine Beine waren geschwollen, und neben seinem Stuhl hatte er einen Stock, den er zum Gehen brauchte.

Nachdem wir uns vorgestellt hatten, sagte Papa Mataru zu mir: »Komm doch näher, damit ich dich sehen kann.«

Ich war etwa dreieinhalb Meter weit entfernt; jetzt rückte ich meinen Stuhl zu ihm und schaute ihm in die Augen.

Immer noch kniff er die Augen zusammen und sagte: »Nein, du musst viel näher kommen. Ich kann dich nicht sehen.«

Also rückte ich den Stuhl so weit heran, dass unsere Knie sich fast berührten, schaute ihm in die Augen und sagte: »Kannst du jetzt sehen?«

Und er antwortete: »Ja, jetzt sehe ich.« Dann schwieg er.

Ich saß da und wartete auf seinen nächsten Schritt. Er schaute mich an. Zwei bis drei Minuten vergingen, ohne dass etwas gesagt wurde. Dann lächelte er breit, wurde ganz aufgeregt und sagte wörtlich: »Oh, ich kann mich an dich erinnern! Du bist von den Sternen!« Dabei deutete er zum Himmel. Dann sagte er: »Mein ganzes Leben habe ich darauf gewartet, dich zu treffen.« Er wedelte mit den Armen und fuhr fort: »Egal was du willst, du kannst es haben.«

Ehe er es sich wieder anders überlegen konnte, sagte ich sofort: »Nun, wir würden gerne in die Mitte der Insel gehen und dort eine Weltzeremonie abhalten.«

Ganz aufgeregt antwortete er: »Klar, ihr könnt dorthin gehen. Ich werde alles arrangieren.« Seine Stimme wurde sanft, als er sagte: »Ich bin ein alter Mann und kann nicht mehr so gut laufen. Bis zur Mitte der Insel schaffe ich es nicht, aber ich möchte so gerne an der Zeremonie teilnehmen. Ich habe das Gefühl, ich sollte dabei sein. Würdet ihr sie auch hier in meinem Heim durchführen?«

Dazu muss ich noch etwas erzählen. In der Nacht vor diesem Treffen hatte ich einen Traum, in dem das Gitternetz des Einheitsbewusstseins, das um die Erde verläuft, die Form eines Torus hatte und am Nord- und Südpol des Gitternetzes als rotierender Wirbel in die Erde eindrang. Dieser Trichter war viele Kilometer breit – weiter als die Insel Moorea.

In diesem Traum wurde mir klar: Es war egal, wo auf der Insel die Zeremonie abgehalten wurde, da die Röhre, in der wir uns befinden mussten, größer als die Insel war. Wir konnten sie überall auf der Insel durchführen, es war wirklich einerlei.

Im Traum sah ich sogar, wo die Zeremonie stattfinden würde; es war ein ganz bestimmter Ort. Wir befanden uns an einem Ende einer hufeisenförmigen Bucht. Ich stand auf einem großen Sandstrand in der Nähe eines kleinen, aus dem Landesinneren kommenden Baches, der sich in den Ozean ergoss. An einem Ufer des Baches befand sich eine natürliche Wand, die den Fluss in seinem Bett hielt.

Ich sah das alles ganz deutlich vor mir. Am nächsten Tag erzählte ich Ruth auf der Fahrt zu Papa Mataru von diesem Traum. Mittendrin richtete sie sich auf und meinte: »Ich hatte genau denselben Traum!« Sie erzählte weiter, und tatsächlich hatte sie genau das Gleiche wie ich geträumt. Sie sah dieselbe Bucht, denselben Strand, denselben Bach, der in den Ozean floss. Ich konnte nur noch sagen: »Wow! Das muss der Platz sein, wo wir die Zeremonie abhalten sollen.«

Als nun Papa Mataru äußerte, er könne nicht bis zur Mitte der Insel laufen, sah ich Ruth an, und sie schaute mich an. Papa Matarus Haus war am Strand, wir konnten das Meer aber wegen der Bäume nicht sehen. Ruth und ich sprangen wie kleine Kinder auf, rannten durch die

Bäume zum Sandstrand, sahen uns um und riefen beide aus: »Oh Gott, genau das ist der Platz!«

Zweifellos entsprach das genau den Bildern unserer Träume. Im Herzen wussten wir: Genau hier sollten wir unsere Zeremonie abhalten. Also kehrten wir zu Papa Mataru zurück und sagten: »Ja, genau hier werden wir die Zeremonie durchführen.«

Papa Mataru fing vor lauter Freude an zu strahlen. »Oh, wie schön! Ich kann dabei sein! Ich danke euch!«

Unsere nächste Frage lautete nun: »Du bist der König. Wann soll die Zeremonie stattfinden?«

Mit großer Bestimmtheit sagte er: »Morgen früh bei Sonnenaufgang.«

So wurde es beschlossen. Die Zeremonie würde zum ersten Mal stattfinden.

Wir gingen zu den anderen zurück und überbrachten ihnen die gute Neuigkeit.

Das meinte ich mit meiner Aussage, die männliche Logik sei präzise, das weibliche Fühlen dagegen nicht. Wir dachten, die Zeremonie würde sofort nach unserer Ankunft stattfinden, doch Mutter Erde hatte andere Pläne.

Im Hotel wartete ein Brief aus Australien auf mich. Ich kannte den Absender, hatte aber seit Jahren nicht mehr mit ihm gesprochen. Er wusste aus irgendeinem Grund, dass ich auf Moorea war, und hatte mir diesen Brief gesandt, in dem er mich über eine bevorstehende Sonnenfinsternis informierte: Am nächsten Tag würden die Erde, der Mond und die Sonne in einer geraden Linie stehen, und der Mondschatten würde direkt über Moorea verlaufen. Unglaublich!

Ich war fasziniert. Das hatten wir nicht geplant. Über solche Himmelsereignisse hatte ich überhaupt nicht nachgedacht. Mutter Erde bereitete den Zeitpunkt der Geburt in Abstimmung auf die Himmelskörper vor. Im Herzen wusste ich ganz sicher, dass unser Tun perfekt mit der göttlichen Ordnung harmonierte. Ich entspannte mich und bereitete mich in der Meditation mit Mutter Erde und Vater Sonne auf den Geburtstag einer neuen Menschheit vor.

Am nächsten Morgen stiegen wir alle kurz vor Sonnenaufgang aus unserem Bus, drängten uns in den Hinterhof des Königs und von dort auf den wunderbaren Strand. Die Sonne würde bald über dem Horizont erscheinen, und ich wusste, uns blieb nicht viel Zeit. Ich hatte eine Stelle ausgewählt, wo der Mittelpunkt der Zeremonie sein würde, und alle beeilten sich, ihren Platz einzunehmen.

Da fiel mir plötzlich etwas ein, das mich ziemlich nervös machte: Vor lauter Vorbereitungen hatte ich mir gar keine Gedanken um die eigentliche Zeremonie gemacht. Ich war so damit beschäftigt gewesen, den richtigen Ort zu finden und mich um die Logistik zu kümmern, dass ich erst jetzt, fünf Minuten bevor alles anfangen sollte, daran dachte. Was sollte ich jetzt machen? Ich wusste es nicht.

Ich ließ mich im Sand nieder, legte den Kopf auf ein Handtuch, um allein sein zu können, und bat um innere Führung. Fast alles, was ich wusste, hatten mir die amerikanischen Stämme mit ihren Zeremonien beigebracht, aber dies war etwas anderes – es ging um eine Zeremonie, die ich vorher nie gesehen hatte, und ich hatte keine Ahnung, wie ich sie angehen sollte.

Einer meiner Engel, der Grüne Engel, erschien mir und bat mich, seinen Anweisungen zu folgen.

Also wies ich alle an, jeweils drei Objekte zu bringen: etwas aus dem Wasser, etwas vom Land und etwas aus der Luft. Alle machten sich auf die Suche.

Eine halbe Stunde später legten wir diese Objekt in einem Kreis in der Mitte des Zeremonienalters nieder, und zwar so, dass Wasser, Erde und Luft immer aufeinander folgten. Die Mitglieder unserer Gruppe und die Familienangehörigen des Königs stellten sich im Kreis – immer abwechselnd Mann und Frau, Mann und Frau und so weiter – um diese nun geheiligten Objekte auf. Sie wurden in Form eines Medizinrads ausgelegt, also einem Kreis mit zwei sich in der Mitte kreuzenden Linien, die in die vier Himmelsrichtungen zeigten.

Die Zeremonie entfaltete sich auf eine Weise, wie ich es nie zuvor erlebt hatte. Es war, wie wenn Wasser oder Wellen ans Ufer schlagen, immer stärker werden und dann abflauen. Die Energie der Zeremonie verlief wie die Gezeiten.

Papa Mataru saß auf seinem Plastikstuhl am Rand des Kreises und schaute aufmerksam zu. Als die Zeremonie sich dem Ende näherte, wussten wir alle, dass Mutter Erde in diesem Augenblick das Bewusstsein eines neuen Gitternetzes gebären würde; sehr bald würde auf der Erde eine neue Welt erscheinen.

Als wir fertig waren und die Leute zum Haus zurückgingen, um ein Fest zu feiern, winkte mich Papa Mataru zu sich. Ich ging zu ihm und fragte ihn, was er wollte. Er zog mich am Arm ganz nah zu sich, sodass niemand zuhören konnte, und sagte zu mir: »Wie konntest du diese Zeremonie bloß abhalten? Es stimmte alles ganz genau. Wir haben sie jahrtausendelang geheim gehalten. Woher wusstest du das alles?«

Ich konnte ihm keine Antwort geben. Ich umarmte ihn einfach fest, spürte zum ersten Mal sein Herz und wusste, warum er König des polynesischen Inselreichs war. Sein Herz war so groß wie die Erde! Er war unglaublich empfindsam für alles Leben überall. In diesem Moment wurde mir vieles klar. Danke, Papa Mataru, dass du zu dieser so verheißungsvollen Zeit auf die Erde gekommen bist, um hier zu leben!

Die Familie des Königs hatte ein wunderbares Mahl für uns alle vorbereitet; stundenlang waren wir einfach alle von gegenseitiger Liebe erfüllt und tief berührt von der Offenheit dieser Familie und ihrer Fürsorge für das Leben. Sie werden auf immer einen Platz in meinem Herzen haben.

Am nächsten Morgen ging Carolina Hehenkamp, die bei der Reiseorganisation geholfen hatte, kurz vor Sonnenuntergang noch einmal zum Zeremonienplatz und fotografierte dort. Sie zeigte mir ein Foto

▶ Der Zeremonienaltar

der Stelle, das ungefähr neun Meter vom Medizinrad entfernt aufgenommen worden war: Die Muscheln, Federn und Steine lagen noch genauso auf dem Boden, wie wir sie am Vortag zurückgelassen hatten, doch etwa dreißig Zentimeter direkt darüber schwebte in der Luft ein fünfzackiger Stern mit abgerundeten Spitzen aus strahlend weißem Licht, der von der Kamera eingefangen werden konnte. Niemand von uns hatte eine Erklärung, wie dieser Stern auf das Foto gelangt sein konnte. Carolina machte weitere Bilder aus unterschiedlichen Winkeln und in kürzeren Abständen zu diesem Stern, und auf jedem Foto war der fünfzackige Stern deutlich zu sehen.

Etwa zwei Wochen später wurden uns von anderen Teilnehmern, die zurückgekommen waren und Fotos vom Zeremonialplatz gemacht hatten, Bilder zugesandt. Inzwischen hatte die Flut das Medizinrad überschwemmt, die Objekte waren überall verstreut, doch der fünfzackige Stern schwebte immer noch in der Luft.

Nach der Zeremonie passierte noch etwas Unglaubliches. Die Insel Moorea hat die Form eines Herzens; darum herum verläuft ein herzförmiges Korallenriff mit äußerst klarem, wunderbarem Wasser.

1985 war ich auf Moorea und hielt eine Zeremonie für Mutter Erde ab. Damals war das Korallenriff voll herrlicher, leuchtend bunter Tropenfische. Es sah aus wie ein Aquarium. Täglich schwamm ich sechs, sieben Stunden in diesem Wasser zwischen den Fischen herum. Ich konnte direkt durch sie durchschwimmen, es machte ihnen anscheinend nichts aus.

Im Jahr 2008 war ich erneut in Moorea, und zwei meiner Kinder waren ebenfalls dabei. Ich wollte ihnen so gerne diese wunderschönen Fische im Wasser zeigen und sagte zu ihnen: »Es ist unglaublich, das könnt ihr euch nicht vorstellen!« Also zogen wir die Schwimmflossen und Masken an und sprangen ins Wasser; doch da waren keine Fische, außer vielleicht zweien oder dreien, zehn Meter entfernt. Ansonsten gab es nur offenes Wasser, die Fische waren verschwunden.

Beim Essen nach der Zeremonie fragte ich Papa Mataru nach den Fischen. Er erzählte, sie seien vor etwa fünfzehn Jahren einfach verschwunden. Am Tag nach der Zeremonie rief mich Papa Mataru an: Die gesamte Bucht an der Stelle, wo die Zeremonie abgehalten worden war, sei voller Tropenfische; nirgendwo sonst auf der Insel waren welche zu finden.

Für Papa Mataru und sein Volk war dies das Zeichen von Mutter Erde, dass die am Vortag abgeschlossene Zeremonie ihren Segen hatte. Papa Mataru weinte, als er es uns erzählte. Die Zeremonie war ein vollkommener Erfolg.

Die letzte Zeremonie

Die Worte des Königs erfüllten mein Herz mit großer Dankbarkeit und Freude.

Als ich nach Hause, zu den roten Felsen von Sedona in Arizona, zurückkam, dachte ich, alles wäre nun zu Ende gebracht. Doch sehr bald erfuhr ich während der Meditation mit meinen Engeln und mit Mutter Erde, dass noch mehr getan werden musste. Mir war nicht ganz klar, was das sein sollte, aber es hatte irgendetwas mit Zeit zu tun – die Geburt eines Gitternetzes um den Planeten dauerte nun einmal länger als das Gebären eines Kindes.

Der menschliche Fötus braucht ungefähr neun Monate, bis er groß und reif genug für die Geburt ist. Der eigentliche Geburtsprozess kann eine Stunde, aber auch mehrere Tage dauern.

Die Geburt eines planetaren Gitternetzes verläuft ganz ähnlich, allerdings kann sie sehr viel mehr Zeit erfordern. Wie ich herausfand, braucht das menschliche Bewusstsein für seine Geburt – vom Austritt des Kopfes bis hin zum Verlassen des mütterlichen Körpers – einen halben Mondzyklus bzw. etwa vierzehn Tage. Mein Engel sagte mir, ich müsste eine weitere Zeremonie durchführen, und zwar in Sedona am vierzehnten Tag nach der Moorea-Zeremonie; dadurch würde die Geburtszeremonie dann wirklich abgeschlossen werden.

Während ich die Zeremonie plante, war ich mir aber nicht darüber im Klaren, dass es erneut zu einer Finsternis kommen würde. Als wir gerade dabei waren, die Zeremonie zu Ende zu bringen, befanden sich der Mond, die Erde und die Sonne auf einer geraden Linie, und es kam zu einer Mondfinsternis.

Dieses Mal verdunkelte der Schatten der Erde den Vollmond, der direkt über Sedona wanderte, genau dort, wo ich gerade saß. Ich war sprachlos!

▶ Mond über Sedona

Erst nachdem diese zweite Zeremonie abgehalten worden war, war wirklich alles vollbracht. Das Baby ist geboren worden, das Gitternetz des Einheitsbewusstseins lebt und atmet. Es gibt keinen Zweifel mehr: Auf der Erde wird es ein neues menschliches Bewusstsein geben. Die Menschen sind sich dessen in den nächsten Jahren noch nicht bewusst, aber es ist unvermeidlich.

Wie das Melchizedek-Bewusstsein den Aufstieg der Erde sieht

Wenn ein Bewusstseinsgitternetz vor der eigentlichen Geburt auf diese synthetische Art erzeugt worden ist, kann alles verloren gehen. Dann muss die Rasse, die auf dem jeweiligen Planeten lebt, wieder ganz von vorne anfangen, als wären die Hunderttausende von Jahren an evolutionärer Entwicklung nie geschehen.

Aber das Melchizedek-Bewusstsein weiß auch: Wenn ein synthetisches Gitternetz geboren und tatsächlich lebendig wird und mit der Erde und ihrer Funktionsweise in Verbindung steht, ist es seit Anfang der Schöpfung bis heute noch nie passiert – bei keiner einzigen Lebensform wo auch immer –, dass nicht alles gut gegangen ist. Wenn das also – wie im Februar 2008 – geschah, bedeutet das: Wir als menschliche Rasse haben es geschafft. Wir steigen auf die nächste Bewusstseinsebene auf, und zwar nicht mehr nur »vielleicht«; es wird ganz sicher passieren.

Für uns ist das ein fantastischer Augenblick zum Feiern, allerdings verstehen das die meisten Menschen noch nicht. Die kosmische Zeit verrinnt so langsam. Von Februar 2008 bis jetzt ist das Baby nicht vier Jahre alt geworden, sondern gerade einmal ein paar Minuten. Es ist noch ganz klein.

Was in Zukunft passieren wird, wird schon sehr bald geschehen: laut den Maya und all den anderen Stämmen zwischen dem Jetzt und Ende 2015 – aber niemand weiß, wann genau. Nur Mutter Erde kennt die Wahrheit. Aber wir haben es ins neue Gitternetz des Einheitsbewusstseins geschafft. Das Leben wird schon bald ganz anders sein.

Sie, die Sie diese Zeilen hier lesen, sollten wissen: Sie haben es geschafft! Sie werden auf eine andere Bewusstseinsebene gelangen, wie

Sie es sich in Ihren kühnsten Träumen nicht vorgestellt haben. Ganz bestimmt. Ich möchte Ihnen danken: für Ihr Vertrauen in sich selbst, für Ihren Glauben an sich selbst und für Ihren Mut, gegen alle Widerstände mit der spirituellen Arbeit weiterzumachen. Wahrscheinlich hat Ihre Familie versucht, dem einen Riegel vorzuschieben, weil es in der normalen Welt keinen Sinn ergibt. Danke für alles, womit Sie dies in Ihrem Leben verwirklicht haben. Wir alle werden schon sehr bald gemeinsam eine andere Existenzebene erreichen, und dort werden wir uns auf andere Weise wiedertreffen.

Ich schicke Ihnen von Herz zu Herz meinen Dank. Danke für Ihr Leben und all das, was Sie in Ihrem Leben getan haben.

Doch wir müssen mit den Zeremonien weitermachen, solange wir atmen; dadurch verbinden wir uns mit der Quelle.

Das alte Maya-Mysterium der Kristallschädel

Jetzt wollen wir zu den Maya-Prophezeiungen zurückkommen und darauf eingehen, wie die Maya noch auf andere Weise ihr Wissen, ihre Erfahrung, ihre Weisheit und ihre Erinnerungen aus einer weit zurückliegenden Vergangenheit, die scheinbar für immer verloren gegangen war, bis zum heutigen Tag bewahrt haben.

Die Maya bewahren ihre Erinnerungen nämlich nicht nur im Gedächtnis, sondern auch im Herzen. Die Völker der Alten Welt sind die Experten dafür, so wie wir modernen Menschen Gehirnexperten sind. Was ich Ihnen gleich erzählen werde, stammt nicht von Don Alejandro, sondern von Hunbatz Men; er gehört der Itza-Tradition aus dem mexikanischen Yucatan an. Bis vor Kurzem wurden diese Informationen zurückgehalten.

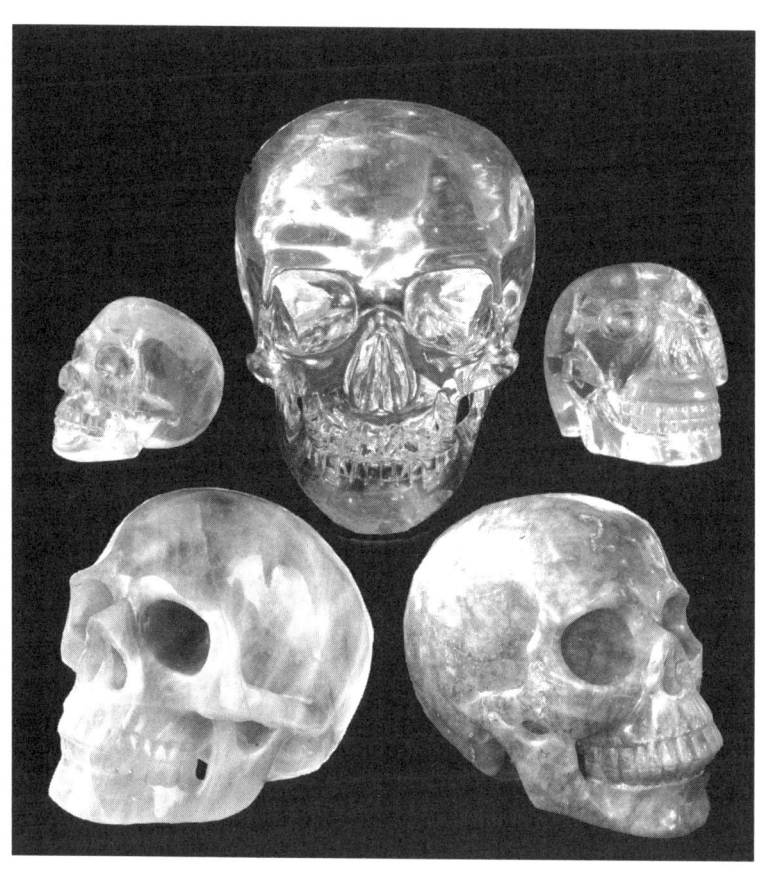

▶ Kristallschädel

Der Wissenspfad der Kristallschädel wurde von den alten Maya-Gesellschaften, denen Großmütter vorstanden, bereitet. Die Kristallschädel speichern Erinnerungen, ähnlich wie unsere heutigen Computer mit

Hilfe von Silizium Informationen speichern. Wie Maya-Schamanen schon vor langer Zeit herausfanden, können natürliche Quarze und andere Kristalle Informationen speichern, und zwar über lange Zeiträume. Deshalb wurden die letzten 13.000 Jahre und sogar noch länger von den alten Maya-Gesellschaften der Großmütter hauptsächlich natürliche Quarze zur Bewahrung der Erinnerungen, des Wissens und der Weisheit der Maya genutzt.

Es gibt viele Gründe, weshalb die Form eines menschlichen Schädels verwendet wurde: Den Menschen der Zukunft kann dadurch seine Verbindung mit der Menschheit aufgezeigt werden; ein natürlicher Rohquarz könnte dagegen leicht verloren gehen. Außerdem sind für die

▸ Das Periodensystem der Elemente

Maya ihre Kristallschädel ganz leicht aufzufinden, da in den Kristall eine Signaturschwingung eingearbeitet wurde. Das ist wirklich brillant!

Kohlenstoff und Silizium sind »lebendige« Elemente und liegen im Periodensystem der Elemente eine Oktave auseinander; beide weisen gleichermaßen die Prinzipien des Lebens auf, wie Wissenschaftler in den 1950er-Jahren herausgefunden haben. Inzwischen wurden in den Tiefen der Meere Lebewesen mit Bewusstsein entdeckt, die sich wie kohlenstoffbasierte Wesen vermehren, aber keinerlei Kohlenstoff aufweisen, sondern zu 100 Prozent auf Silizium basieren. So gesehen ergibt es durchaus einen Sinn, dass Silizium wie Kohlenstoff Erinnerungen bewahren kann.

Der erste Kristallschädel stammte aus der neuen Welt der Maya, nachdem die Erde vor 13.000 Jahren eine Polverschiebung erlebte. Jeder Kristallschädel enthält die Erinnerungen der vorhergehenden tausend Jahre. Insgesamt gibt es dreizehn Kristallschädel mit Erinnerungen aus etwa 13.000 Jahren. Ihre Hüter sind vermutlich die Tibeter, die Brüder der Maya. Auf dem nächsten Foto (S. 182) ist so ein Kristallschädel abgebildet; ich habe ihn »Lachender Buddha« genannt.

Wie wurden nun diese Kristallschädel geschaffen? Alle tausend Jahre wurde eine Maya-Großmutter auserwählt, die sich auf ihr Schicksal vorbereitete. Zunächst ließ sie einen natürlichen Kristall in Form eines menschlichen Schädels gestalten. Meistens wählte ein männlicher Schamane den jeweiligen Kristall aus und formte daraus den Schädel. Es kamen verschiedene Kristalle zum Einsatz, je nach Zeit und Bedarf. Bis der Kristallschädel für die finale Zeremonie fertig gestellt war, konnten viele Jahre vergehen.

Die Großmutter und die Stammeshäuptlinge wählten ein Kind aus; es konnte gerade geboren worden, aber auch schon bis zu neun Jahre alt sein und sollte die gesamte Entwicklung der Maya über die letzten tausend Jahre hinweg personifizieren. Dieses Kind wurde schon sehr früh entsprechend ausgebildet; sein Training dauerte so lange an, bis die Kristallschädel-Zeremonie, für die es geboren worden war, stattfand.

▶ »Lachender Buddha«

Für die Kristallschädel-Zeremonie erwählt zu werden, war eine große Ehre und ein Privileg für dieses Maya-Kind oder Paar (Kind und Großmutter). Das Kind lernte alles, was das Volk der Maya zu diesem Zeitpunkt wusste; im Mittelpunkt stand das Wissen der letzten tausend Jahre, denn die älteren Informationen wurden ja schon in den anderen Kristallschädeln bewahrt. Das Kind wurde im Lauf seiner Ausbildung beinahe unausweichlich ein Schamane oder eine Schamanin.

Wenn die Maya-Ältesten das Gefühl hatten, diese Person wäre so weit, bereiteten sie in Abstimmung mit dem Maya-Kalender gemeinsam mit der Großmutter die heilige Kristallschädel-Zeremonie vor. Das

Schicksal dieser Person und der Großmutter wurde damit für Jahrtausende besiegelt.

Während der Kristallschädel-Zeremonie wurden der oder dem Auserwählten und der Großmutter ein spezielles Gebräu aus natürlichen Kräutern, psychedelischen Pflanzen und Pilzen eingeflößt, wodurch sie sich von ihrem Körper lösten, aber nicht von der Erde. Anders ausgedrückt starben sie, gelangten aber nicht auf die anderen Ebenen. Der ganze Stamm war im Gebet um sie versammelt und spendete ihnen Mut; ihr Geist verließ ihren Körper und trat in den Kristallschädel ein. Jahrtausendelang würde dieser Kristallschädel ihr physischer Körper sein – bis die Zeit gekommen war, in der wir jetzt leben, das *Ende der Zeit*.

Irgendwann während dieses Zeitfensters des *Endes der Zeit* werden die Maya diese abschließende Kristallschädel-Zeremonie abhalten und damit den heute lebenden, modernen Maya die alten Erinnerungen, das alte Wissen und die alte Weisheit und noch viel mehr zurückgeben.

Die Kristallschädel-Zeremonie der modernen Maya

Die Kristallschädel-Zeremonie der modernen Maya feiert auf eindrucksvolle Weise das menschliche Bewusstsein über Jahrtausende hinweg: Dreizehn heute lebende Maya-Schamanen und -Schamaninnen werden die Geister dieser alten Maya-Seelen in ihre modernen Maya-Körper aufnehmen und sich dann alle Erinnerungen dieser Wesen zurückrufen können.

Dieses Speichersystem ist sogar noch besser als der Speicher eines Computers, denn es speichert auch die emotionalen Aspekte. Wenn diese Zeremonie stattfindet, werden die heute lebenden Maya sich an ihre gesamte Vergangenheit erinnern, bis zurück zu Atlantis und sogar die Zeit davor – falls die Tibeter ihre Kristallschädel den Maya zur Verfügung stellen (und das haben sie zugesichert).

Die Maya werden dieses Wissen und diese Erinnerungen mit dem intellektuellen Prozess der fünfundzwanzig Maya-Ältesten zusammenbringen, welche die Geschichte der Maya neu aufzeichnen werden; so kehrt das Volk der Maya zur Ganzheit zurück. Sie werden sich an alles erinnern – sowohl an die Erinnerungen ihres Gedächtnisses als auch ihres Herzens. So sieht der Plan aus, und ich bin überzeugt, sie werden es schaffen. Das ist Teil ihrer Prophezeiungen.

Für die restliche Welt wird dies ein Segen sein, denn jetzt ist das Volk der Maya intakt – es besitzt sowohl das alte wie das moderne Wissen, alte und moderne Erfahrungen, Weisheit und Erinnerungen aus der alten und der modernen Welt. All das gehört zu den Maya-Prophezeiungen, und Sie sind am Leben, um diese Wahrheit zu erfahren.

11. Kapitel

Die Maya-Kodizes

Nach dem Abzug der spanischen Konquistadoren aus dem Land der Maya um 1500 n. Chr. war von dem großen Wissen und der Weisheit der Maya praktisch nichts mehr übrig geblieben. Fast alles war zerstört, und genau das war natürlich das Ziel gewesen.

Seit dieser Zeit wurden im Lauf der letzten 500 Jahre lediglich drei Maya-Kodizes bzw. -Manuskripte gefunden (zumindest soweit man weiß); eines befindet sich im Britischen Museum, eines in Spanien (Madrid) und eines in Deutschland (Dresden).

Angesichts der Tatsache, dass es einst ganze Bibliotheken davon gab und der unglaubliche Maya-Kalender – der präziseste und kompliziertste jemals auf der Erde gefundene Kalender – lediglich ein kleiner Teil des ganzes Wissensschatzes der Maya ist, stellte die Zerstörung dieser so genauen und aufschlussreichen Datenbank einen immensen Verlust dar.

Vor allem die katholische Kirche ging gegen die Maya mit großer Grausamkeit vor. Die Katholiken hielten die Maya für Heiden und erkannten nicht, dass sie ein umfassenderes Verständnis der Realität besaßen als die europäische Welt oder die katholische Kirche.

Ungefähr fünfzig Prozent der Lebensmittel, die wir heute verzehren, verdanken wir den Maya, von den Grundnahrungsmitteln bis hin zu unserer geliebten Schokolade. Die Maya essen Schokolade anders als wir, denn sie wissen, dass Rohschokolade ein Superlebensmittel ist.

Wir beginnen gerade erst, ihr Potenzial für den menschlichen Körper zu begreifen; die Maya wissen das schon lange. Rohschokolade machte ungefähr die Hälfte der Maya-Ernährung aus.

Die Maya waren hervorragende Zahnärzte. Zahnfüllungen von Maya-Gebissen wurden in neuerer Zeit in perfektem Zustand gefunden; sie hafteten noch nach Jahrhunderten an den Zähnen. Die ganze moderne Wissenschaft weiß bis heute nicht, wie sie das gemacht haben.

Auch wenn sie vom Dschungel überwuchert und verborgen wurden, stehen die Pyramiden und Tempel der Maya immer noch. Sie wurden auf einem mathematisch und geometrisch so hohen Niveau errichtet, wie es nur andere alte Kulturen wie die Ägypter, die Hindus und die Griechen erreicht haben.

Mit ihrem modernen Erscheinungsbild kommen uns ihre Städte wie beispielsweise in Tikal, Guatemala, heute wie Städte der Zukunft, nicht wie Städte der Vergangenheit vor. Ich war 1985, kurz nach der Entdeckung Tikals, dort; die schiere Größe der Stadt, die Tikal umgab, löste bei den Archäologen Erstaunen aus; sie erstreckte sich auf über dreißig Kilometer in alle Richtungen.

Nachdem die Stadt kartografiert worden war, wurde sie rekonstruiert. Fast eine Stunde lang betrachtete ich diese unglaubliche Zeichnung. Ich frage mich wirklich, was die spanischen Konquistadoren dachten, als sie eine Stadt betraten, die es mit jeder spanischen Stadt aufnehmen konnte. Glaubten sie wirklich, sie wäre von primitiven Ureinwohnern besiedelt?

Bei seiner öffentlichen Rede 2007 in Sedona, Arizona, erzählte Don Alejandro den Zuhörern, die Maya-Prophezeiungen besagten auch, ihr gesamtes Wissen und ihre ganze Weisheit würden ihnen zurückgegeben; dieser Prozess sollte Ende 2007 seinen Anfang nehmen. Im November 2007 war unsere Gruppe der Weltvertreter Zeuge, wie fünfundzwanzig Maya die Hieroglyphe für Null entzifferten; und das war erst der Anfang.

Ein neuer Maya-Kodex

2010 bat mich der Maya-Älteste Hunbatz Men um ein Treffen in Sedona. Er wollte mir etwas zeigen, und zwar persönlich und nicht auf digitalem Weg oder in einem Brief. Doch bevor ich darauf eingehe, muss ich etwas erläutern.

Seit vielen Jahren gab es Meinungsverschiedenheiten zwischen dem Maya-Ältestenrat von Guatemala und jenem der Itza. Nach Meinung der Ältesten aus Guatemala hatten die Maya *niemals* etwas mit den Kristallschädeln zu tun; die Itza Maya dagegen waren fest davon überzeugt, dass sie schon seit mindestens 13.000 Jahren oder vielleicht sogar viel länger Kristallschädel nutzten. Dies war nicht die einzige Differenz, aber eine, die für das Volk der Itza wichtig war.

Bei Hunbatz' Ankunft umarmten wir uns; er setzte sich und überreichte mir einen neuen Maya-Kodex, den die Welt bis dahin noch nie gesehen hatte. Er nannte ihn den »Wenk'al-Kodex« und erläuterte mir den Zusammenhang. Zehn Jahre zuvor hatte Hunbatz ein winziges Museum in Los Angeles, Kalifornien, besucht und dort zwei neue Maya-Kodizes entdeckt, von denen er Fotos machen durfte. Zehn Jahre lang erforschte der Itza-Ältestenrat diese Manuskripte und war schließlich von ihrer Echtheit überzeugt.

Wir haben darüber noch nicht gesprochen, aber diese beiden neuen Maya-Kodizes sind mit Sicherheit echt, denn sie wurden anhand einer Radiokarbonmethode auf 1300 n. Chr. datiert, was von zwei amerikanischen Universitäten bestätigt wurde.

Sorgsam öffnete Hunbatz den Wenk'al-Kodex und breitete ihn auf einer Tischplatte aus. Er umfasste dreizehn beidseitig beschriebene Seiten und war wie ein Akkordeon gebunden.

Auf der ersten Seite sieht man, wie die alten Maya fünf Kristallschädel in den Händen hielten, als sie mit ihrer Zeremonie begannen.

Dann wurden die Schädel zu einer Maya-Pyramide gebracht. Die Maya verließen die Pyramide und führten die Zeremonie zu Ende.

Die Meinungsverschiedenheiten zwischen den beiden Ältestenräten der Maya wurden durch den Wenk'al-Kodex für immer beigelegt. Jetzt ist wissenschaftlich nachgewiesen, dass die alten Maya mit Kristallschädeln zu tun hatten.

In diesem Kodex stecken sehr tiefgreifende Informationen; Hunbatz schreibt darüber gerade ein Buch, in dem wohl auch der zweite Kodex vorgestellt wird. Noch mindestens ein weiterer Kodex steht also aus. Hunbatz' Entdeckung leistete einen enormen Beitrag zum Wissen der Archäologen über die Maya.

Noch mehr Maya-Kodizes

Nur zwei Wochen nach Hunbatz' Besuch erhielt ich einen Anruf von einem Mann namens Bill Johnson. Ich hatte ihn nie zuvor getroffen, aber er war definitiv ein sehr interessanter Mensch, ein professioneller Schatzsucher, hinter dem eine gemeinnützige Organisation stand. Die meiste Zeit tauchte er im Meer herum, um alte Schätze und Artefakte zu finden, aber auch an Land betätigte er sich als Schatzsucher. Dabei hatte er sieben weitere neue Maya-Kodizes entdeckt.

Wie bitte? Fast fünfhundert Jahre lang waren weltweit lediglich drei Maya-Kodizes bekannt. Dann entdeckten die Maya selbst zwei weitere. Und unmittelbar darauf kommen die nächsten sieben ans Tageslicht. Anscheinend hatte Don Alejandro recht mit seiner Aussage, das Wissen und die Weisheit der Maya würden zu ihnen zurückkehren.

Wie Mr. Johnson mir sagte, sollten seiner Meinung nach die Kodizes den rechtmäßigen Besitzern, den Maya, zurückgegeben werden, aber er wusste nicht wie. Ich sagte ihm, ich stände in Verbindung mit zwei Ältestenräten der Maya, und bat ihn, die Manuskripte sorgsam zu fotografieren, auf DVD zu brennen und sie mir per Kurierdienst zu schicken. Ich würde dafür sorgen, dass sie in die richtigen Hände gelangten. Als die Sendung ankam, hatte er mir, wie ich feststellte, nur sechs der sieben Kodizes geschickt – die hatten allerdings einen Umfang von 450 Seiten.

Die sechs Kodizes wurden an den Ältestenrat der Itza Maya geschickt, denn Don Pedro Pablo Chuc Pech wurde als bester Sachverständiger betrachtet, der besser als jeder andere Lebende auf der Erde die alten Maya-Kodizes lesen konnte. Bislang haben wir kein Feedback über ihre Bedeutung erhalten.

Und als ob diese fantastischen Enthüllungen nicht schon genug wären, geschah ein weiteres Wunder.

Hunbatz kontaktierte mich erneut, um mich um einen Gefallen zu bitten. Ich sollte für den Itza-Ältestenrat das Museum in Los Angeles finden, dem die beiden Kodizes gehörten, und nachfragen, ob sie die beiden alten Manuskripte verkaufen würden.

Die mexikanische Regierung war über die Entdeckung der beiden neuen Kodizes informiert worden und war bereit, sie zu erwerben und ihnen in Yucatan ein schönes Museum zu errichten. Natürlich war den Regierungsbeamten klar, wie viele Leute aus aller Welt anreisen würden, um die Manuskripte sehen zu können, und wie viel Geld dadurch ins Land fließen würde. Doch nach Meinung des Itza-Ältestenrats wäre das für das Volk der Maya dennoch von Vorteil. Ich wollte also mein Bestes versuchen.

Als ich Hunbatz nach dem Namen und der Adresse des Museums fragte, wusste er nur, dass es sich in Los Angeles befand, weiter nichts. Das war nicht gerade viel, aber ich wollte einen Versuch unternehmen.

Also suchte ich im Internet, und zu meinem großen Erstaunen wurde ich innerhalb von fünfzehn Minuten fündig; ich fand nicht nur das Museum, sondern sprach auch mit dem Kurator, der sich daran erinnern konnte, dass er Hunbatz Men die beiden Maya-Kodizes fotografieren ließ, und zwar vor ungefähr zehn Jahren.

Ich fragte den Kurator, ob er die beiden Kodizes dem Ältestenrat der Itza Maya in Mexiko oder der mexikanischen Regierung verkaufen würde. Er war jedoch nicht interessiert und sprach von den neuen Antiquitätengesetzen, die bestimmten, dass alte Artefakte, die außerhalb des Ursprungslandes entdeckt wurden, an die jeweilige Regierung bzw. den Eigentümer zurückgegeben werden mussten.

Das Problem dabei: Die beiden Maya-Kodizes waren nach seinen Angaben in den 1920-Jahren aus einem Nachlassvermögen erworben worden; die Gesetze konnten ihm rein technisch betrachtet nichts anhaben, da das Gesetz erst dreißig Jahren zuvor erlassen wurde. Bei einer Klage der mexikanischen Regierung gegen sein Museum würde das Museum gewinnen, aber der Rechtsstreit würde sich jahrelang hinziehen. Er weigerte sich, darüber weiterzureden.

Dann passierte etwas ganz Verrücktes. Der Kurator erwähnte, dass im Keller des Museums »über tausend weitere alte Maya-Manuskripte lagern«.

Ich war sprachlos. Mir war klar, dieser Mann würde mich keinen Einblick nehmen lassen oder sie verkaufen, aber ich wusste auch, was das für das Volk der Maya und für die Welt bedeuten würde. Mir blieb nichts anderes übrig, als mich zu verabschieden.

Auf Grundlage der sechs anderen entdeckten Maya-Kodizes stellte ich dann eine Berechnung an; sie umfassten 450 Seiten, also durchschnittlich fünfundsiebzig Seiten pro Manuskript. Tausend Kodizes entsprächen also 75.000 Seiten voller bislang unbekannter Maya-Aufzeichnungen – ein unglaubliches Wissen. Das war wirklich irre!

Wir tun alles, was in unseren Kräften steht, um diese tausend Maya-Manuskripte dem Ältestenrat der Itza Maya verfügbar zu machen. Es wäre für die Ältesten völlig ausreichend, sie einfach professionell von ausgebildeten Restauratoren fotografieren zu lassen. Das würde auch für das Museum kein Problem darstellen, denn die Antiquitäten würden nicht außer Landes gebracht, und damit gäbe es auch keine Konflikte mit dem Gesetz. Sofern Sie eine Möglichkeit sehen – wir sind für Ihre Vorschläge offen.

Die Zeremonie der Dreizehn Kristallschädel für Amerika im Jahr 2011

Der Ältestenrat der Itza Maya bat mich ein weiteres Mal um Hilfe. Im Rahmen der Maya-Prophezeiungen sollte eine spezielle Zeremonie der Dreizehn Kristallschädel abgehalten werden. Dreizehn Kristallschädel sollten von Manhattan nach Los Angeles gebracht werden; auf dem Weg sollte an heiligen Plätzen Halt gemacht und dort eine Zeremonie durchgeführt werden, um die Vereinigten Staaten zu heilen.

Gemäß den Maya-Prophezeiungen sind die Vereinigten Staaten in einen tiefen Schlaf gefallen und haben darüber ihre wahre Verantwortung vergessen, die darin besteht, der Welt als spirituelles Licht zu dienen. Wenn es gelänge, diese Zeremonie der Dreizehn Kristallschädel genau entsprechend dem Maya-Kalender abzuhalten, würden die Vereinigten Staaten aus ihrem Schlaf erwachen und wieder, wie in der Vergangenheit, ihr spirituelles Licht scheinen lassen.

Der Ältestenrat der Itza bat auf einer Website um Spenden für diese Pilgerreise, wie die Itza-Ältesten das nannten. Mindestens fünfzig- bis sechzigtausend Dollar waren erforderlich, um die dreizehn Hüter der Kristallschädel und drei oder vier Maya-Älteste in die Vereinigten Staaten zu bringen sowie Unterkunft, Essen, Benzin etc. für circa drei

Wochen zu finanzieren. Einige dieser Hüter kamen aus Europa, Tibet und anderen Ländern; dadurch wurde das Ganze noch teurer. Der Itza-Ältestenrat konnte diese Summe unmöglich aufbringen.

Wie mir Hunbatz im Jahr 2011 berichtete, waren ein Jahr nach dem Spendenaufruf gerade einmal sechshundert Dollar bei der gemeinnützigen Organisation eingegangen, die die Maya unterstützen wollte, damit keine Steuern bezahlt werden mussten. Wenn sich das nicht änderte, würde sich, wie Hunbatz erkannte, die Prophezeiung nicht erfüllen.

Hunbatz war verzweifelt, aber ruhig, und bat mich, ihm beim Spendensammeln zu helfen. Ich hatte keine Ahnung, woher ich das Geld besorgen sollte, ging aber in mein Herz und bat um eine Antwort.

Ein paar Tage später bekam ich einen Anruf von Unify Earth, Inc., einer amerikanischen Firma. Ein in Asien lebendes Vorstandsmitglied bat mich um Unterstützung für ein Projekt, bei dem die weltbekannte Tanzgruppe Cirque de Soleil auftreten sollte; die wiederum wollten mit dem Ältestenrat der Itza Maya zusammenarbeiten.

Ich sagte der Dame meine Hilfe bei ihrem Projekt zu, unter der Bedingung, dass sie wiederum dem Itza-Ältestenrat helfen würde, die Pilgerreise der Dreizehn Kristallschädel quer durch die Vereinigten Staaten zu finanzieren. Sie und ihre Schwester spendeten das benötigte Geld persönlich. Wir alle danken ihnen für ihre Großzügigkeit. Das Universum wird sie dafür belohnen.

Dank der von Herzen kommenden Großzügigkeit zweier Frauen konnten die Zeremonien der Dreizehn Kristallschädel und die Maya-Pilgerreise 2011 realisiert und die Maya-Prophezeiungen erfüllt werden.

Doch das Geld aufzubringen, war nur der Anfang. Wie sich herausstellte, hatte der Itza-Ältestenrat keine Ahnung, wie sie eine solche Reise auf die Beine stellen sollten, und so wurde ich wieder um Hilfe gebeten. Mit Unterstützung von Unify Earth, Inc., wurde alles arrangiert. Die Termine mussten ein paarmal verlegt werden, bis es schließlich klappte und die eigentliche Reise beginnen konnte.

Am 27. Oktober 2011 wurde in Manhattan die erste Zeremonie abgehalten. Pedro Pablo Chuc Pech sollte zusammen mit Hunbatz und zwei weiteren Ältesten der Itza nach New York kommen. Doch das ging nicht. Die drei Ältesten waren auf Bitte der Kogi und Arhuaco in Kolumbien, Südamerika. Die Stammesältesten aus Kolumbien hatten das Oberhaupt des Maya-Volkes gebeten, bei den Zeremonien anwesend zu sein, und Chuc Pech, inzwischen das Oberhaupt der Maya, hatte dieser Bitte entsprochen. Und so wurde Hunbatz ausgewählt, alle Zeremonien in den Vereinigten Staaten alleine abzuhalten. Zum Abschluss der Pilgerreise wollten ihn dreizehn Mitglieder des Ältestenrates der Itza Maya in Los Angeles treffen, damit sich die Prophezeiung erfüllen konnte.

Ganz am Anfang der Reise schrieben im Internet Leute, die keine Ahnung hatten, worum es bei diesen Zeremonien ging, alles sei ein Schwindel, weil es sich nicht um Maya-Kristallschädel handelte. Einer kam von den Maya, einer aus Tibet (die Tibeter sind ja mit den Maya verwandt), aber die anderen, das stimmt, kamen woandersher. Doch genau so sollte es sein.

Die meisten dieser Kristallschädel kamen aus den Vereinigten Staaten, aber auch aus Frankreich, Tibet und anderen Ländern. Mit diesen Zeremonien sollte Amerika geheilt werden, und deshalb waren Kristallschädel beteiligt, die von Amerikanern gehütet wurden.

Es handelte sich hierbei nicht um die Zeremonie der Dreizehn Kristallschädel, auf die so viele Menschen warten. Es war nicht *die* Zeremonie der Dreizehn Kristallschädel. Jene dreizehn Kristallschädel liegen im Land der Maya verborgen und warten auf die heilige Zeremonie, die sie zum Leben erweckt. Das weiß ich ganz sicher, denn im Jahr 2003 nahm ich an einer Maya-Zeremonie teil, die von dem männlichen und dem weiblichen Hüter der Uxmal Maya abgehalten wurde. Dabei hatte der Ältestenrat der Itza Maya den Vorsitz inne; sie fand bei Chichén Itzá zwischen den beiden heiligen Seen statt.

Bevor mit der Zeremonie begonnen wurde, breiteten die Hüter der Uxmal Maya ein Tuch auf dem Boden aus und legten darauf heilige Objekte. Dann legten sie, verborgen unter einem zweiten Tuch, noch etwas darauf.

Etwa dreihundert Menschen aus aller Welt waren im Kreis darum herum versammelt und warteten auf den Klang des Muschelhorns, der die Zeremonie einleiten sollte. Da zog mich die weibliche Hüterin aus dem Kreis heraus in den inneren Kreis, wo ich eine der vier Himmelsrichtungen repräsentieren sollte.

Ich hielt mich dort nur ein paar Minuten lang auf. Sie bat mich, zu ihr an das Zeremonientuch zu kommen und vorsichtig unter das Tuch zu blicken, wo etwas versteckt war. Das tat ich – und dreizehn Maya-Kristallschädel blickten mich an. Ihre Augen waren voller Licht und Lebendigkeit; auch sie warteten auf den Beginn der Zeremonie. In diesem Augenblick wusste ich: Die Itza Maya besaßen die dreizehn heiligen Maya-Kristallschädel. Jetzt warteten sie nur noch auf den richtigen Zeitpunkt, um mit ihnen eine Zeremonie abzuhalten, die nur ein einziges Mal alle 12.812,5 Jahre durchgeführt wird – kurz vor der Zeremonie des 21. Dezember 2012. Dieser Zeitpunkt war im Maya-Kalender festgelegt. In meinem Herzen verstand ich, wie vollkommen der Traum der Maya war, und ich entspannte mich, wusste ich doch, dass im Maya-Land alles in Ordnung war.

Als im Internet also zu lesen war, die Maya seien gar nicht im Besitz der dreizehn Maya-Kristallschädel, wusste ich ohne jeden Zweifel, dass das nicht stimmte. Ich versuchte, die Leute zu beruhigen, ohne zu viel von der Wahrheit preiszugeben. Doch jetzt schreiben wir das Jahr 2012, und wie ich bereits zu Beginn gesagt habe, werden die Maya sich jetzt nicht mehr verbergen, sondern sich zu erkennen geben.

Was den Maya widerfährt, geschieht auch der Welt! Und wenn sich die Maya an ihre uralte Vergangenheit erinnern, wird auch die Welt sich daran erinnern.

Alle lebendigen Kristallschädel auf der Welt – und davon gibt es Tausende – stehen miteinander in einem Einheitsbewusstsein zum Wohl der Welt in Verbindung. Haben Sie das gewusst? Nicht nur die Maya verfügen über das Wissen der Kristallschädel.

Ende und Anfang

Der Augenblick rückt näher, wenn die Erde, die Sonne und der Mittelpunkt der Galaxie sich aufeinander ausrichten und die Maya-Prophezeiungen sich wie ein schwarzer Panther in Bewegung setzen – langsam und überlegt und nur darauf wartend, losspringen zu können. Nur der Panther weiß, wann das passieren wird.

Ob Sie es nun glauben oder nicht: Wenn die Maya recht haben, ist das egal. Die Natur wird entsprechend ihren inneren Gefühlen handeln und unserer menschlichen Zivilisation zu einer neuen DNA verhelfen, einer neuen Existenzweise. Leben Sie im Herzen, und Sie werden vorbereitet sein.

Verbinden Sie Ihr Herz mit dem Herzen der Erde, dann mit dem Herzen der Sonne, dann mit dem Herzen der Galaxie und schließlich mit dem Herzen des Universums – dann werden Sie ewig leben. Mutter Erde wird Sie beschützen und führen.

> In La'k'esh –
> du bist ein anderes Ich,
> und ich bin ein anderes Du.

Das wahre Wesen unserer Beziehung ist das Einssein. Das wahre Wesen unserer zirkulären Realität ist der Uroboros, der sich schließende Kreis.

Der Anfang

Wie betreten wir die neue Erde?

Beim Lesen dieser Worte fragen Sie sich vielleicht, wie Sie sich innerlich verändern können, um das menschliche Bewusstsein wirklich auf eine neue und andere Bewusstseinsebene zu heben. Alle Menschen, die an dieser Schwelle stehen, haben dieselbe Geisteshaltung wie Sie. Viele haben diesen Übergang bereits vollzogen, und wenn der Augenblick gekommen ist, werden Sie sich erinnern.

Eine Ihrer Fragen lautet vielleicht: Wie kann das alles überhaupt möglich sein? Eine neue Welt und Weltsicht zu erreichen, erscheint übermenschlich. Aber auf Ihrer Reise durch das Universum haben Sie das schon unzählige Male getan, und dieses Mal geht es genauso. Sie werden es schaffen.

Jedes Vogelkind, das aus seinem Nest oben im Baum nach unten schaut und erkennt, dass es gleich etwas scheinbar Unmögliches macht, empfindet Angst: »Wenn ich springe, werde ich auf die Erde stürzen.«

Doch wie ich bereits gesagt habe: Sie sind ein *uraltes Wesen* aus einer weit zurückliegenden Vergangenheit. Ihre Erinnerungen und Ihre DNA werden Ihnen den Weg nach Hause zeigen, und Sie werden fliegen.

Sie leben in einem holografischen Universum, dessen Grundlage Bewusstsein ist; Sie sind Bewusstsein. Und wie Sie herausfinden werden, können Sie mit Ihrem Bewusstsein alles erschaffen, was Sie brauchen, und werden schließlich erkennen, dass Sie nichts brauchen. Sie sind unsterblich. Sie sind das *uralte Wesen,* wonach das Leben gesucht hat. Entspannen Sie sich und atmen Sie aus dem Herzen heraus. Leben Sie im Herzen. Dann wird alles zum richtigen Zeitpunkt geschehen.

Haben Sie das Gefühl, Sie brauchen zumindest am Anfang ein wenig Orientierung und Wegbegleitung? Auf der Website *www.drunvalo.net* finden Sie unter »School of Remembering®« den Workshop »Awakening The Illuminated Heart® (Erwecken des erleuchteten Herzens)«, der von über hundert zertifizierten Lehrern weltweit abgehalten wird; er bietet präzise Anleitungen, wie Sie die neue Erde betreten können.

Liebe ist die Antwort auf *alle* Fragen!

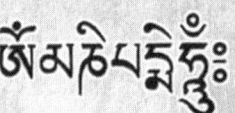

Om mani padme hum
(Tibetisch / Nakkal)

In deinem Herzen ist ein Lotus

Im Lotus ist ein Edelstein

Im Edelstein ist die Quelle des Lebens

Ω

Der Uroboros
der Maya

▶ Oben: Prähistorischer Maya-Altar im Dschungel von Mexiko
  ▶ Unten: Pyramide in Chichén Itzá, Yucatan, Mexiko

▶ Oben: Chichén Itzá, Mexiko
▶ Unten: Tor in Chichén Itzá, Yucatan, Mexiko

Über den Autor

Drunvalo Melchizedek ist Autor der Bücher »Die Blume des Lebens« (2 Bände), »Aus dem Herzen leben« und »Schlange des Lichts«. Seine Bücher wurden weltweit in 29 Sprachen übersetzt.
Außerdem ist er als Berater des internationalen Internet-Magazins »Spirit of Maat« (www.spiritofmaat.com) tätig, das jährlich über eine Million Besucher anzieht. Die von ihm begründeten »Flower of Life«-Workshops werden in über sechzig Ländern unterrichtet. In seiner 2011 gegründeten School of Remembering (»Schule des Erinnerns«) unterrichten ausgebildete Lehrer weltweit einen Weg des Herzens, den Drunvalo Melchizedek als die Essenz seines Lebenswerkes sieht.
Als erster Mensch der Moderne hat Melchizedek den Lichtkörper des Menschen, die sogenannte Merk-Ka-Ba, mathematisch und geometrisch erklärt. Er hat einen Abschluss in Kunstwissenschaft der Universität von Kalifornien in Berkeley sowie einen Abschluss in den Ergänzungsfächern Physik und Mathematik. Er lebt mit seiner Familie in Sedona im amerikanischen Bundesstaat Arizona.
Weitere Informationen unter *www.drunvalo.net*.

AWAKENING THE ILLUMINATED HEART®
ERWECKEN DES ERLEUCHTETEN HERZENS

In der SCHOOL OF REMEBERING© wird Drunvalos gesamtes Lebenswerk gelehrt. Drunvalo selbst und die von ihm zertifizierten Lehrer weltweit präsentieren in dem Workshop AWAKENING THE ILLUMINATED HEART® – DAS ERWECKEN DES ERLEUCHTETEN HERZENS – das Verständnis des menschlichen Bewusstseinssprungs der gerade stattfindet. Der Inhalt geht weit über die Mer-Ka-Ba hinaus und ist ein Lebens-Prozess, der uns auch den Zusammenhang von Herz, Gehirn und all den Elementen, die mit einander in Verbindung stehen begreifen und erfahren lässt. Weitere Informationen, die Liste der zertifizierten Lehrer weltweit sowie die Termine findest du unter

www.drunvalo.net

Zertifizierte Lehrer im deutschsprachigen Raum sind:

Renate Brettschneider	rona-b@web.de, +49 160 90305790
Rainer A. Pörtner	rainer_poertner@web.de, +49 321213 99999
Martina Goldner	martina@mgoldner.com, +49 7543 9336343
Andreas Beutel	info@pythagoras-institut.de, +49 351 2684734
gareth	mail@adonai.de, +49 9090 705290
Rositta Virag	rositta@gela.at, +43 6232 6150
Barbara Grunder	info@erwecken-des-erleuchteten-herzens.ch, +41 79 666 48 00
Adela Podea	mng_adela@yahoo.it, +43 676 5932959

Drunvalo Melchizedek
Die Blume des Lebens Band I
gebunden, 234 Seiten,
ISBN 978-3-929512-57-1
€ 24,60

Drunvalo Melchizedek
Die Blume des Lebens Band II
gebunden, 256 Seiten
ISBN 978-3-929512-63-2
€ 24,60

Heilige Geometrie ist die Form, die unserer Existenz zugrunde liegt und auf eine göttliche Ordnung in unserer Wirklichkeit verweist. Diese Ordnung lässt sich vom unsichtbaren Atom bis zu den unendlichen Sternen verfolgen.

In diesen beiden Bänden findet sich Drunvalos gesammeltes Wissen über die Geschichte unseres Universums. Ein Meisterwerk über die heilige Geometrie und die Entwicklung der Menschheit von Atlantis bis in unsere nächste Zukunft.

Andreas Beutel
Die Blume des Lebens in dir
€ [D] 7,99
ISBN 978-3-86728-203-1

Erinnern Sie sich? An die Zeit, als alles eins war? Als Trennung und Polarität nicht existierten? Folgen Sie einer spannenden Reise durch alle Ebenen der Schöpfung, vom Großen bis hin ins ganz Kleine, und entdecken Sie die einfache, klare Sprache der Heiligen Geometrie, auf der die Welt basiert. Lernen Sie durch Meditationen und Zeichnungen sich wieder zu erinnern, wer Sie sind und warum Sie hier sind.

Der Kenner der Heiligen Geometrie und Seminarleiter Andreas Beutel vom Pythagoras Institut Dresden führt in diesem Buch in anschaulicher, bildhafter Sprache in die Grundstruktur des Universums ein. Seine praktische Erfahrung aus vielen Jahren Seminar- und Vortragstätigkeit zum Thema eröffnet völlig neue Perspektiven auf die Erde und den Menschen.

Drunvalo Melchizedek
Schlange des Lichts
Das Erwecken der Erd-Kundalini und das Erwachen des weiblichen Lichts

€ [D] 12,95
ISBN 978-3-86728-219-2

Alle 13.000 Jahre nimmt ein heiliges Ereignis seinen Lauf, das alles verändert …
Die Leser begleiten Drunvalo Melchizedek auf seinen Reisen rund um den Globus, von Yucatan über den Grand Canyon und Neuseeland bis in die Anden von Chile und Peru: Sie erleben mit ihm die Geschichte einer ungebrochenen Kette von Zeremonien zur Heilung der Herzen, Ausrichtung von Energien, Harmonisierung alter Ungleichgewichte und zur Stärkung unseres Bewusstseins, dass alles Leben im Universum eins ist.
Wer »Die Schlange des Lichts« öffnet, betritt eine Welt, in der Wunder an der Tagesordnung sind – Wunder, die zutiefst berühren und erahnen lassen, dass die Wirklichkeit so viel größer ist als das, was wir mit bloßem Auge erkennen. Im Herzen von Mutter Erde findet ein großes Erwachen statt. Wenn sich die Menschheit unserem wunderschönen Planeten zuneigt, wird er sich aus der Dunkelheit heraus in das Zeitalter des Lichts bewegen.

Andreas Beutel
Die »Blume des Lebens« und der Quantenraum
Eine Einführung in die Heilige Geometrie

€ [D] 14,99
DVD Single Disc, Sprache: Deutsch
Format: Pal, 16:9 Widescreen
Lauflänge 108 min + Bonus
ISBN 978-3-86728-167-6

Die »Blume des Lebens« ist ein uraltes Symbol aus der Geometrie des Universums – der heiligen Geometrie. In ihr sind der Beginn, der Aufbau und die Informationswege der gesamten Realität beschrieben. Die Präsentation entführt Sie auf eine Reise durch unsere Geschichte und in ein fein gesponnenes Netz aus Schwingung, Information und Energie im Hintergrund unserer Welt. Spielerisch lernen Sie einzelne Bausteine der heiligen Geometrie kennen, die sich in der Formensprache der Natur – vom kleinsten Atom über den Bau des Menschen bis hin zur größten Galaxie – offenbart. Dabei werden Sie wieder eine tiefe Verbundenheit mit dem Universum spüren.